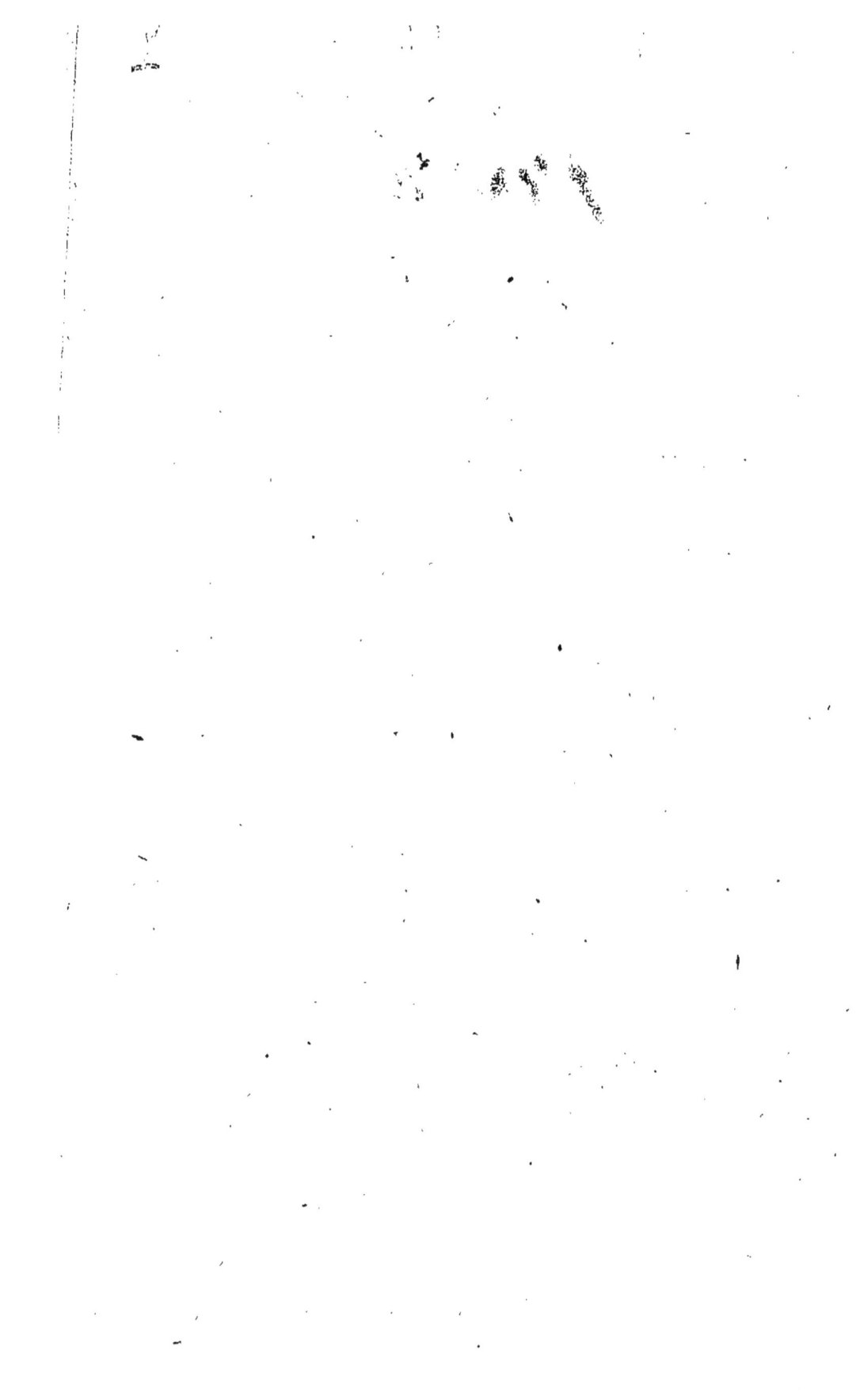

RECUEIL

DE FABLES.

IMPRIMÉ PAR E. THUNOT ET CIE

26, RUE RACINE, PRÈS DE L'ODÉON.

RECUEIL
DE FABLES,

COMPOSÉES

POUR L'ÉDUCATION DU DUC DE BOURGOGNE,

PAR FÉNELON,

Archevêque de Cambrai.

NOUVELLE ÉDITION,

Avec une notice biographique et des notes géographiques, historiques, mythologiques, etc.,

PAR M. H. BOISMONT, ANCIEN PROVISEUR,

Adoptée pour les Lycées et les Écoles primaires, par le Conseil de l'Instruction publique, dans sa séance du 4 novembre 1842.

PARIS.

A LA LIBRAIRIE CLASSIQUE ET ÉLÉMENTAIRE
DE MADAME VEUVE MAIRE-NYON,

QUAI CONTI, N° 13.

—

1851

Tous les exemplaires non revêtus de ma signature seront réputés contrefaits , et tout contrefacteur ou débitant de contrefaçons de cet ouvrage sera poursuivi suivant la rigueur des lois.

NOTICE SUR FÉNELON.

C'est dans un château de l'ancienne province du Périgord (aujourd'hui département de la Dordogne), à trois lieues de la petite ville de Sarlat, que naquit, le 6 août 1651, François de Salignac de Lamothe-Fenelon. A cette époque, il y avait plus de vingt ans qu'on avait perdu le plus ancien de nos poëtes lyriques, Malherbe qui,

Le premier en France,
Fit sentir dans les vers une juste cadence.

Le grand Corneille, âgé de quarante-cinq ans, avait donné ses plus admirables chefs-d'œuvre; mais le siècle, quoique déjà au milieu de sa carrière, n'avait pas encore produit toutes ces richesses, qui, par un heureux concours, devaient éclore sur tous les points à la fois. Molière et La Fontaine, quoique âgés de trente ans, étaient inconnus; Bossuet, plus jeune, attendait à Metz un appel de la reine-mère; Boileau et Racine étaient encore enfants; Pascal, qui avait à peine vingt-sept ans, et qu'une mort prématurée devait, onze ans plus tard, enlever à la France, Pascal n'avait pas encore publié ces *Provinciales*, ni ces *Pensées*, qu'on regarde comme les ouvrages qui, en prose, ont fixé la langue.

Fénelon était né d'un second mariage du marquis de Fénelon avec mademoiselle de la Cropte, jeune personne aussi distinguée par sa naissance et son esprit que remarquable par sa beauté. Les soins les plus tendres et les plus éclairés présidèrent à son éducation, qui fut toute chrétienne, mais sans austérité. Les formes douces et agréables d'une jeune mère tempéraient ce que pouvaient avoir de sérieux et de grave les leçons et les entretiens habituels d'un père âgé. Ce dernier, d'ailleurs, était plus porté à l'indulgence qu'à la sévérité, en élevant cet enfant de sa vieillesse, surtout quand il le vit répondre avec une heureuse facilité à toutes les leçons qui lui étaient données, et qu'il put entrevoir qu'il laisserait un digne héritier des vertus de sa famille, et un sujet distingué par un esprit d'un ordre supérieur. A l'âge de douze ans, le jeune Fénelon fut envoyé à Cahors, où il étonna ses professeurs par l'étendue et la solidité des connaissances qu'il possédait déjà : il savait parfaitement le grec, écrivait en français et en latin avec élégance et facilité, et avait lu les poëtes, les philosophes, les orateurs, qui ont illustré ces trois langues. Ses progrès dans les études qui lui restaient à faire ne furent pas moins rapides, et il eut bientôt tous les degrés nécessaires pour la profession ecclésiastique, à laquelle il se destinait.

Appelé à Paris par un de ses oncles, qui, ayant perdu un fils unique, reporta sur lui toute sa tendresse, il entra d'abord au collége Duplessis, et passa ensuite au séminaire de Saint-Sulpice, où il reçut les ordres à l'âge de vingt-quatre ans. Ce ne fut que dix ans après, et à l'occasion de son livre *de l'Éducation des filles*, que son mérite sortit de l'obscurité, et attira les regards du public et de la cour. Ce petit ouvrage, chef-d'œuvre de délicatesse, de grâce et de génie, le plus court, le plus complet et le plus utile qui ait été composé sur la matière, n'avait pas été écrit pour voir le jour, mais pour répondre aux intentions de madame de Beauvilliers, qui, mère de huit filles, et dirigeant elle-même leur éducation, recourait souvent aux conseils et aux lumières de Fénelon, dont elle savait apprécier le mérite. Le duc de Beauvilliers ne voulut pas jouir seul d'un pareil trésor, ni priver les familles d'un livre aussi utile ; et ce livre, imprimé pour la première fois en 1687, fut accueilli avec une faveur qui ne s'est jamais affaiblie, et acquit de suite à l'auteur une réputation dont il ne tarda pas à recueillir les fruits.

Chargé d'abord d'une mission apostolique dans le Poitou, il y obtint un succès d'autant plus précieux, qu'il n'avait point voulu qu'on déployât cet appareil de force et de rigueur qui accompagnait alors les missions de ce genre dans les autres provinces ; il n'y avait porté que sa parole éloquente et persuasive, et cette partie de la France ne connut point les persécutions qui suivirent la révocation de l'édit de Nantes. La plus haute distinction l'attendait à son retour ; Louis XIV lui confia, en 1689, l'éducation du duc de Bourgogne, dont son ami, M. de Beauvilliers, venait d'être nommé gouverneur. Le jeune prince avait alors sept ans. Il était fils du dauphin, qui avait eu pour gouverneur l'austère Montausier, et pour précepteur le grand Bossuet. Ainsi, pour la seconde fois, la vertu et le génie étaient appelés à élever l'héritier du trône ; mais la Providence n'a pas permis que la nation profitât d'un si puissant et si rare concours, ni que le père ou le fils appliquassent aux devoirs de la royauté les sublimes leçons qu'ils avaient reçues.

L'histoire a dit, et la France n'oubliera jamais, comment Fénelon s'acquitta de ses grandes et délicates fonctions, et comment un enfant dont la première jeunesse faisait trembler, que les mémoires de Saint-Simon nous montrent dur, colère jusqu'aux derniers emportements, impétueux avec fureur, incapable de souffrir la moindre résistance, opiniâtre à l'excès, passionné pour tous les plaisirs, souvent farouche, naturellement porté à la cruauté, ne regardant les hommes que comme des atomes avec lesquels il n'avait aucune ressemblance; comment, dis-je, un tel enfant a pu devenir en peu de temps, selon les expressions des mêmes mémoires, « un prince affable, doux, » humain, modéré, patient, modeste, humble et austère pour » soi, tout appliqué à ses obligations, et les comprenant immenses, ne pensant plus qu'à allier les devoirs de fils et de » sujet à ceux auxquels il se voyait destiné. » Un pareil prodige n'étonne plus quand on s'est bien pénétré des écrits du maître, quand on sait que les *Dialogues*, le *Traité sur l'existence de Dieu*, les *Fables*, le *Télémaque*, ouvrages impérissables qui ont rendu son nom immortel, ont été composés uniquement pour le royal élève, et ne sont que le recueil des leçons de chaque jour, répondant à tous les besoins de l'esprit et du cœur, de l'âme et du caractère, de la sagesse et de l'instruction.

En 1695, l'éducation du prince étant presque terminée, Fénelon fut élevé à la dignité d'archevêque de Cambrai; deux ans auparavant, il avait été reçu à l'Académie française, en remplacement de Pélisson. Alors commença pour lui cette lutte pénible qui jeta quelque amertume sur les vingt dernières années de sa vie. Il eut le malheur d'avoir pour antagoniste Bossuet, et la France vit avec peine deux de ses plus beaux génies divisés sur des matières théologiques. Il serait trop long de rappeler ici cette querelle, qui à nos yeux n'a plus la même importance; nous nous bornerons à dire que le grand roi ayant mis son pouvoir dans la balance, le résultat des discussions fut, pour Fénelon, la disgrâce et l'exil. Mais jamais sa vertu ne brilla d'un éclat plus vif qu'à cette époque de sa vie. Il réfuta ses adversaires sans aigreur, maintint ses opinions avec fermeté, se soumit sans murmure, et se résigna sans faiblesse. Sa vie dans son diocèse fut un objet d'admiration et une source de bonheur pour les peuples dont il était devenu le pasteur. Il leur consacra tout son temps, tous ses soins, toute sa fortune, ne dérobant quelques loisirs à son ministère que pour complé-

ter et mettre en ordre les matériaux épars de ses ouvrages,
ou pour écrire à son élève, et le maintenir dans les principes
de justice et de bonté qu'il lui avait inspirés. Ne pouvant le
suivre dans tous les détails de sa vie privée, nous avons voulu
du moins y chercher un trait entre mille, qui le peignît parfaitement aux yeux de nos lecteurs ; mais, pour que les grâces
de la forme fussent dignes de l'intérêt du fond, nous en avons
emprunté le récit à un narrateur plus habile que nous, et c'est
par là que nous terminons notre volume. (Voy. à la fin, *Une
promenade de Fénelon*, par Andrieux.)

Ce grand homme, ce véritable philosophe chrétien, mourut à
Cambrai le 7 janvier 1715, au milieu des larmes de tous les
siens et des regrets universels. Il suivait de bien près dans la
tombe son illustre ami, le duc de Beauvilliers, mort quelques
mois auparavant. Il y avait trois ans que leur élève commun,
le duc de Bourgogne, était mort lui-même, six jours après sa
jeune épouse, et moins d'un an après son père. Le grand siècle
était fini, il ne restait plus de toutes ses illustrations que le
vieux roi, qui devait lui laisser son nom et qui planait encore
sur les débris de sa famille et de sa puissance, comme un chêne
séculaire sur les ruines que l'orage amoncèle autour de lui. Ses
préventions contre Fénelon, plus fortes que la reconnaissance,
n'avaient point cédé au temps ; du moins on en était tellement
persuadé, que, lors de la réception de M. de Bose, qui rem-
plaça le vertueux prélat à l'Académie, ni le récipiendaire, ni
Dacier, qui lui répondit, ne parlèrent de *Télémaque*, qu'on
avait essayé de présenter comme une satire allégorique de la
cour de Louis XIV. *Télémaque!* ce *livre divin*, comme l'appelle Montesquieu, qui était déjà répandu dans toute l'Europe,
et traduit dans toutes les langues ! Cet ouvrage, d'un style si
pur et si parfait, qu'on ne croit pas pouvoir mieux le caracté-
riser qu'en nommant son auteur le *Racine* de la prose !... On ne
saurait trop regretter que les convenances de l'époque aient
imposé cette réserve à l'Académie. (Voy. *Histoire de Fénelon*,
par le cardinal Bausset, tome III, pages 28 et 29, édition de
1817).

De tous les écrits de Fénelon, le premier qu'on mette entre
les mains des enfants, c'est le recueil de ses *Fables*. Nous n'en
ferons point l'éloge ; ce que nous en dirions serait au-dessous
du plaisir qu'y trouveront nos lecteurs, et de l'avantage qu'ils
en tireront.

On a dit qu'elles ne convenaient qu'à un prince, et à un

prince destiné à régner. C'est une erreur. Sans doute l'auteur
n'avait qu'un but et une seule personne en vue ; mais les fautes
qu'il condamne, les défauts qu'il poursuit, les penchants qu'il
enseigne à réprimer, se retrouvent malheureusement partout,
et partout aussi on a besoin des douces vertus, des qualités
aimables et solides, des sentiments généreux qu'il veut donner
à son élève. C'est dans le cœur de tous les hommes, dans
l'étude approfondie de l'esprit humain, qu'il va chercher des
armes pour combattre et des arguments pour convaincre. D'ailleurs, ainsi que l'a dit M. Aimé-Martin en repoussant l'opinion
qui voyait dans *Télémaque* des allusions personnelles, *les
hommes comme Fénelon ne tracent pas des portraits, ils gra-
vent des types.* Les *Fables* conviennent donc à toute la jeunesse, nous pourrions dire à tous les âges, quels que soient
le rang et la condition. Leur succès immense et toujours sou-
tenu en est la meilleure preuve.

Nous avons apporté le plus grand soin à cette édition. Nous
y avons ajouté quelques notes, pour épargner à nos lecteurs la
peine de rechercher les mots d'histoire, de géographie et de
mythologie, qui s'y rencontrent fréquemment. Nous avons dû
les resserrer dans des limites un peu étroites ; cependant nous
leur avons donné assez d'étendue pour les rendre instructives,
et pour en adoucir un peu la sécheresse, défaut trop ordinaire
à ce genre de travail. Quelques-unes de ces fables sont des re-
flets de *Télémaque ;* on dirait des diamants cherchés et repris
par Fénelon dans le superflu de son chef-d'œuvre. Celles-là,
plus riches d'allusions et de noms poétiques, ont exigé plus de
notes.

Nous aurions voulu étendre davantage cette notice et faire
mieux connaître cet homme célèbre, dont les vertus et le génie sont également dignes de notre admiration. Mais c'eût été
sortir des proportions du petit volume que nous publions.
Quand les jeunes lecteurs, auxquels ce livre est particulièrement destiné, voudront avoir plus de détails sur cette vie si
belle et si bien remplie, nous les engageons à consulter le touchant tableau qu'en a retracé le docteur Ramsai, ou l'ouvrage
remarquable du cardinal de Bausset, ou enfin l'excellent travail qu'un de nos littérateurs les plus distingués, M. Aimé-
Martin, que nous citons plus haut, a placé en tête des œuvres
complètes du vertueux prélat, dans la belle et vaste collection
du *Panthéon littéraire.*

Si nous avons contribué à faciliter l'étude de ce charmant

recueil, et par conséquent à faire mieux goûter notre auteur favori, nous aurons obtenu la meilleure récompense de notre travail.

Nous n'avons pas ajouté à notre édition, comme dans beaucoup d'autres, de fables latines ; elles seraient déplacées dans un volume que nous adressons à la jeunesse des deux sexes et à celle des écoles primaires, aussi bien qu'aux établissements d'instruction secondaire.

H. B.

Paris, octobre 1841.

RECUEIL

DE FABLES,

COMPOSÉES

POUR L'ÉDUCATION DE FEU MONSEIGNEUR LE DUC
DE BOURGOGNE.

I

LES AVENTURES D'ARISTONOÜS.

Sophronyme ayant perdu les biens de ses ancêtres par des naufrages et par d'autres malheurs, s'en consolait par sa vertu dans l'île de
Délos [1]. Là il chantait sur une lyre d'or les merveilles du dieu qu'on y adore ; il cultivait les
Muses, dont il était aimé ; il cherchait curieuse-
ment tous les secrets de la nature, le cours des
astres et des cieux, l'ordre des éléments, la struc-
ture de l'univers, qu'il mesurait de son compas,
la vertu des planètes, la conformation des animaux ; mais surtout il s'étudiait lui-même, et
s'appliquait à orner son âme par la vertu. Ainsi
la fortune, en voulant l'abattre, l'avait élevé à la
véritable gloire, qui est celle de la sagesse.

Pendant qu'il vivait heureux sans biens dans
cette retraite, il aperçut un jour, sur le rivage de

la mer, un vieillard vénérable qui lui était inconnu : c'était un étranger qui venait d'aborder
dans l'île. Ce vieillard admirait les bords de la
mer, où il savait que cette île avait été autrefois
flottante ² ; il considérait cette côte, où s'élevaient, au-dessus des sables et des rochers, de
petites collines toujours couvertes d'un gazon
naissant et fleuri ; il ne pouvait assez regarder les
fontaines pures et les ruisseaux rapides qui arro-
saient cette délicieuse campagne ; il s'avançait
vers les bocages sacrés qui environnaient le temple du dieu ; il était étonné de voir cette verdure
que les aquilons n'osent jamais ternir ; et il considérait déjà le temple, d'un marbre de Paros ³
plus blanc que la neige, environné de hautes colonnes de jaspe. Sophronyme n'était pas moins
attentif à considérer ce vieillard. Sa barbe blanche
tombait sur sa poitrine ; son visage ridé n'avait
rien de difforme ; il était encore exempt des injures d'une vieillesse caduque : ses yeux montraient une douce vivacité ; sa taille était haute et
majestueuse, mais un peu courbée, et un bâton
d'ivoire le soutenait. « O étranger ! lui dit Sophronyme, que cherchez-vous dans cette île qui
paraît vous être inconnue ? Si c'est le temple du
dieu, vous le voyez de loin, et je m'offre de vous
y conduire ; car je crains les dieux, et j'ai appris
ce que Jupiter veut qu'on fasse pour secourir les
étrangers. »

    « J'accepte, répondit le vieillard, l'offre que
vous me faites avec tant de marques de bonté.
Je prie les dieux de récompenser votre amour
pour les étrangers. Allons vers le temple. » Dans

le chemin, il raconta à Sophronyme le sujet de
son voyage : « Je m'appelle, dit-il, Aristonoüs,
natif de Clazomène [4], ville d'Ionie, située sur
cette côte agréable qui s'avance dans la mer et
semble s'aller joindre à l'île de Chio [5], fortunée
patrie d'Homère. Je naquis de parents pauvres,
quoique nobles. Mon père, nommé Polystrate,
qui était déjà chargé d'une nombreuse famille,
ne voulut point m'élever : il me fit exposer par
un de ses amis de Téos [6]. Une vieille femme
d'Érythrée [7], qui avait du bien auprès du lieu
où l'on m'exposa, me nourrit de lait de chèvre
dans sa maison ; mais comme elle avait à peine
de quoi vivre, dès que je fus en âge de servir,
elle me vendit à un marchand d'esclaves, qui me
mena dans la Lycie [8]. Ce marchand me revendit,
à Patare [9], à un homme sage et vertueux, nommé
Alcine. Cet Alcine eut soin de moi dans ma jeunesse. Je lui parus docile, modéré, sincère, affec-
tionné, et appliqué à toutes les choses honnêtes
dont on voulut m'instruire. Il me dévoua aux
arts qu'Apollon [10] favorise ; il me fit apprendre
la musique, les exercices du corps, et surtout
l'art de guérir les plaies des hommes. J'acquis
bientôt une assez grande réputation dans cet art,
qui est si nécessaire ; et Apollon, qui m'inspira,
me découvrit des secrets merveilleux. Alcine,
qui m'aimait de plus en plus, et qui était ravi
de voir le succès de ses soins pour moi, m'affranchit, et m'envoya à Damoclès, roi de Lycaonie [11],
qui, vivant dans les délices, aimait la vie et craignait de la perdre. Ce roi, pour me retenir, me
donna de grandes richesses. Quelques années

après, Damoclès mourut. Son fils, irrité contre
moi par des flatteurs, servit à me dégoûter de
toutes les choses qui ont de l'éclat. Je sentis enfin
un violent désir de revoir la Lycie, où j'avais
passé si doucement mon enfance; j'espérais y
retrouver Alcine, qui m'avait nourri, et qui était
le premier auteur de toute ma fortune. En arrivant dans ce pays, j'appris qu'Alcine était mort
après avoir perdu ses biens, et souffert avec beaucoup de constance les malheurs de sa vieillesse.
J'allai répandre des fleurs et des larmes sur ses
cendres; je mis une inscription honorable sur
son tombeau, et je demandai ce qu'étaient devenus ses enfants. On me dit que le seul qui était
resté, nommé Orciloque, ne pouvant se résoudre
à paraître sans bien dans sa patrie, où son père
avait eu tant d'éclat, s'était embarqué dans un
vaisseau étranger pour aller mener une vie obscure
dans quelque île écartée de la mer. On m'ajouta
que cet Orciloque avait fait naufrage, peu de
temps après, vers l'île de Carpathie [12], et qu'ainsi
il ne restait plus rien de la famille de mon bienfaiteur Alcine. Aussitôt je songeai à acheter la
maison où il avait demeuré, avec les champs fertiles qu'il possédait à l'entour. J'étais bien aise
de revoir ces lieux, qui me rappelaient le doux
souvenir d'un âge si agréable et d'un si bon
maître. Il me semblait que j'étais encore dans
cette fleur de mes premières années où j'avais
servi Alcine. A peine eus-je acheté des créanciers
les biens de sa succession, que je fus obligé
d'aller à Clazomène. Mon père Polystrate et ma
mère Phidile étaient morts; j'avais plusieurs

frères qui vivaient mal ensemble. Aussitôt que je
fus arrivé à Clazomène, je me présentai à eux
avec un habit simple , comme un homme dé-
pourvu de biens , en leur montrant les marques
avec lesquelles vous savez qu'on a soin d'exposer les enfants. Ils furent étonnés de voir ainsi
augmenter le nombre des héritiers de Polystrate,
qui devaient partager sa petite succession ; ils
voulurent même me contester ma naissance , et
ils refusèrent devant les juges de me reconnaître.
Pour punir leur inhumanité , je déclarai que je
consentais à être comme un étranger pour eux ;
je demandai qu'ils fussent exclus pour jamais
d'être mes héritiers. Les juges l'ordonnèrent, et
alors je montrai les richesses que j'avais ap-
portées dans mon vaisseau ; je leur découvris que
j'étais cet Aristonoüs qui avait acquis tant de
trésors auprès de Damoclès , roi de Lycaonie ,
et que je ne m'étais jamais marié.

» Mes frères se repentirent de m'avoir traité
si injustement ; et dans le désir de pouvoir être
un jour mes héritiers , ils firent les derniers efforts, mais inutilement, pour s'insinuer dans mon
amitié. Leur division fut cause que les biens de
notre père furent vendus ; je les achetai , et ils
eurent la douleur de voir tout le bien de notre
père passer dans les mains de celui à qui ils
n'avaient pas voulu en donner la moindre
partie. Ainsi ils tombèrent tous dans une affreuse
pauvreté ; mais, après qu'ils eurent assez senti
leur faute, je voulus leur montrer mon bon naturel : je leur pardonnai, je les reçus dans ma
maison, je leur donnai à chacun de quoi gagner du

bien dans le commerce de la mer, je les réunis tous ; eux et leurs enfants demeurèrent ensemble paisiblement chez moi ; je devins le père commun de toutes ces différentes familles. Par leur union et par leur application au travail, ils amassèrent bientôt des richesses considérables. Cependant la vieillesse, comme vous le voyez, est venue frapper à ma porte ; elle a blanchi mes cheveux et ridé mon visage ; elle m'avertit que je ne jouirai pas longtemps d'une si parfaite prospérité. Avant que de mourir, j'ai voulu voir encore une dernière fois cette terre qui m'est si chère et qui me touche plus que ma patrie même ; cette Lycie où j'ai appris à être bon et sage, sous la conduite du vertueux Alcine. En y repassant par mer, j'ai trouvé un marchand d'une des îles Cyclades, qui m'a assuré qu'il restait encore à Délos un fils d'Orciloque, qui imitait la sagesse et la vertu de son grand-père Alcine. Aussitôt j'ai quitté la route de Lycie, et je me suis hâté de venir chercher, sous les auspices d'Apollon, dans son île, ce précieux reste d'une famille à qui je dois tout. Il me reste peu de temps à vivre : la Parque [13], ennemie de ce doux repos que les dieux accordent si rarement aux mortels, se hâtera de trancher mes jours ; mais je serai content de mourir, pourvu que mes yeux, avant que de se fermer à la lumière, aient vu le petit-fils de mon maître. Parlez maintenant, ô vous qui habitez avec lui dans cette île ! le connaissez-vous ? Pouvez-vous me dire où je le trouverai ? Si vous me le faites voir, puissent les dieux, en récompense, vous faire voir sur vos genoux les enfants de vos en-

fants, jusqu'à la cinquième génération ! Puissent
les dieux conserver toute votre maison dans la
paix et dans l'abondance, pour prix de votre
vertu ! » Pendant qu'Aristonoüs parlait ainsi,
Sophronyme versait des larmes mêlées de joie et
de douleur. Enfin il se jette, sans pouvoir parler,
au cou du vieillard ; il l'embrasse, il le serre, et
il pousse avec peine ces paroles entrecoupées de
soupirs : « Je suis, ô mon père ! celui que vous
cherchez : vous voyez Sophronyme, petit-fils de
votre ami Alcine, c'est moi ; et je ne puis douter,
en vous écoutant, que les dieux ne vous aient envoyé ici pour adoucir mes maux. La reconnaissance qui semblait perdue sur la terre se retrouve
en vous seul. J'avais ouï dire, dans mon enfance,
qu'un homme célèbre et riche, établi en Lycaonie, avait été nourri chez mon grand-père ;
mais comme Orciloque, mon père, qui est mort
jeune, me laissa au berceau, je n'ai su ces choses
que confusément. Je n'ai osé aller en Lycaonie
dans l'incertitude, et j'ai mieux aimé demeurer
dans cette île, me consolant dans mes malheurs
par le mépris des vaines richesses, et par le doux
emploi de cultiver les Muses dans la maison sacrée
d'Apollon. La sagesse, qui accoutume les hommes
à se passer de peu [14] et à être tranquilles, m'a
tenu lieu jusqu'ici de tous les autres biens. »

En achevant ces paroles, Sophronyme, se
voyant arrivé au temple, proposa à Aristonoüs
d'y faire sa prière et ses offrandes. Ils firent au
dieu un sacrifice de deux brebis plus blanches
que la neige, et d'un taureau qui avait un crois-
sant sur le front entre les deux cornes ; ensuite

ils chantèrent des vers en l'honneur du dieu qui éclaire l'univers, qui règle les saisons, qui préside aux sciences, et qui anime le chœur des neuf muses. Au sortir du temple, Sophronyme et Aristonoüs passèrent le reste du jour à se raconter leurs aventures. Sophronyme reçut chez lui le vieillard avec la tendresse et le respect qu'il aurait témoignés à Alcine même, s'il eût été encore vivant. Le lendemain, ils partirent ensemble et firent voile vers la Lycie. Aristonoüs mena Sophronyme dans une fertile campagne sur les bords du fleuve Xante [15], dans les ondes duquel Apollon, au retour de la chasse, couvert de poussière, a tant de fois plongé son corps et lavé ses beaux cheveux blonds. Ils trouvèrent le long de ce fleuve des peupliers et des saules dont la verdure tendre et naissante cachait des nids d'un nombre infini d'oiseaux qui chantaient nuit et jour. Le fleuve, tombant d'un rocher avec beaucoup de bruit et d'écume, brisait ses flots dans un canal plein de petits cailloux ; toute la plaine était couverte de moissons dorées ; les collines, qui s'élevaient en amphithéâtre, étaient chargées de ceps de vigne et d'arbres fruitiers. Là toute la nature était riante et gracieuse, le ciel était doux et serein, et la terre toujours prête à tirer de son sein de nouvelles richesses pour payer les peines du laboureur. En s'avançant le long du fleuve, Sophronyme aperçut une maison simple et médiocre, mais d'une architecture agréable, avec de justes proportions. Il n'y trouva ni marbre, ni or, ni argent, ni ivoire, ni meubles de pourpre ;

tout y était propre et plein d'agréments et de
commodités, sans magnificence. Une fontaine
coulait au milieu de la cour, et formait un petit
canal le long d'un tapis vert. Les jardins n'é-
taient point vastes : on y voyait des fruits et des
plantes utiles pour nourrir les hommes ; aux
deux côtés du jardin paraissaient deux bocages,
dont les arbres étaient presque aussi anciens que
la terre leur mère, et dont les rameaux épais
faisaient une ombre impénétrable aux rayons du
soleil. Ils entrèrent dans un salon, où ils firent
un doux repas des mets que la nature fournissait dans les jardins ; et on n'y voyait rien de
ce que la délicatesse des hommes va chercher si
loin et si chèrement dans les villes. C'était du
lait aussi doux que celui qu'Apollon avait le soin
de traire pendant qu'il était berger chez le roi
Admète ; c'était du miel plus exquis que celui des abeilles d'Hybla, en Sicile [16], ou du
mont Hymette, dans l'Attique [17] ; il y avait des
légumes du jardin, et des fruits qu'on venait de
cueillir. Un vin plus délicieux que le nectar [18]
coulait des grands vases dans des coupes cise-
lées. Pendant ce repas frugal, mais doux et
tranquille, Aristonoüs ne voulut point se mettre
à table. D'abord il fit ce qu'il put, sous divers
prétextes, pour cacher sa modestie ; mais enfin,
comme Sophronyme voulut le presser, il déclara qu'il ne se résoudrait jamais à manger
avec le petit-fils d'Alcine qu'il avait si longtemps
servi dans la même salle. « Voilà, lui disait-il,
où ce sage vieillard avait accoutumé de manger ;
voilà où il conversait avec ses amis ; voilà où il

jouait à divers jeux; voici où il se promenait en lisant Hésiode et Homère [19]; voici où il se reposait la nuit. » En rappelant ces circonstances, son cœur s'attendrissait, et les larmes coulaient de ses yeux. Après le repas, il mena Sophronyme voir la belle prairie où erraient ses grands troupeaux, mugissant sur le bord du fleuve; puis ils aperçurent les troupeaux de moutons qui revenaient des gras pâturages : les mères bêlantes et pleines de lait y étaient suivies de leurs petits agneaux bondissants. On voyait partout les ouvriers empressés, qui aimaient le travail pour l'intérêt de leur maître doux et humain, qui se faisait aimer d'eux et leur adoucissait les peines de l'esclavage.

Aristonoüs ayant montré à Sophronyme cette maison, ces esclaves, ces troupeaux, et ces terres devenues si fertiles par une soigneuse culture, lui dit ces paroles : « Je suis ravi de vous voir dans l'ancien patrimoine de vos ancêtres; me voilà content, puisque je vous mets en possession du lieu où j'ai servi si longtemps Alcine. Jouissez en paix de ce qui était à lui; vivez heureux, et préparez-vous de loin, par votre vigilance, une fin plus douce que la sienne. » En même temps il lui fait une donation de ce bien, avec toutes les formalités prescrites par les lois, et il déclare qu'il exclut de sa succession ses héritiers naturels, si jamais ils sont assez ingrats pour contester la donation qu'il a faite au petit-fils d'Alcine, son bienfaiteur. Mais ce n'est pas assez pour contenter le cœur d'Aristonoüs. Avant que de donner sa maison, il l'orne tout entière de meubles neufs, simples et modestes à la vérité, mais propres et agréables; il remplit les greniers de riches présents de Cérès [20], et le cellier d'un vin de Chio digne d'être servi par la main d'Hébé ou de Ganymède [21] à la table du grand Jupiter; il y met aussi du vin pramnien [22], avec une abondante provision de miel d'Hymette et d'Hybla, et d'huile d'Attique [23], presque aussi douce que le miel même. Enfin, il ajoute d'innombrables toisons d'une laine fine et blanche comme la neige, riches dépouilles des tendres brebis qui paissent sur les montagnes d'Arcadie [24] et dans les grands pâturages de Sicile. C'est dans cet état qu'il donne sa maison à Sophronyme; il lui donne encore cinquante talents euboïques [25], et réserve à ses parents les biens qu'il possède dans la péninsule de Clazomène [26], aux environs de Smyrne [27], de Lébède et de Colophon, qui étaient d'un grand prix. La donation étant faite, Aristonoüs se rembarque dans son vaisseau, pour retourner dans l'Ionie. Sophronyme, étonné et attendri par des bienfaits si magnifiques, l'accompagne jusqu'au vaisseau les larmes aux yeux, le nommant toujours son père et le serrant entre ses bras. Aristonoüs arriva bientôt chez lui par une heureuse navigation. Aucun de ses parents n'osa se plaindre de ce qu'il venait de donner à Sophronyme. « J'ai laissé, leur disait-il, pour dernière volonté dans mon testament, cet ordre que tous mes biens seront vendus et distribués aux pauvres de l'Ionie, si jamais aucun de vous s'oppose au don que je viens de faire au petit-fils d'Alcine. » Le sage vieillard vivait en paix, et jouissait des biens que les dieux avaient accordés à sa vertu. Chaque année, malgré sa vieillesse, il faisait un voyage en Lycie, pour revoir Sophronyme, et pour aller faire un sacrifice sur le tombeau d'Alcine, qu'il avait enrichi des plus beaux ornements de l'architecture et de la sculpture. Il avait ordonné que ses propres cendres, après sa mort, seraient portées dans le même tombeau, afin qu'elles reposassent avec celles de son cher maître. Chaque année, au printemps, Sophronyme, impatient de le revoir, avait sans cesse les yeux tournés vers le rivage de la mer, pour tâcher de découvrir le vaisseau d'Aristonoüs, qui arrivait dans cette saison. Chaque année il avait le plaisir de voir venir de loin, au travers des ondes amères, ce vaisseau qui lui était si cher ; et la venue de ce vaisseau lui était infiniment plus douce que toutes les grâces de la nature renaissante au printemps, après les rigueurs de l'affreux hiver.

Une année, il ne voyait point venir, comme les autres, ce vaisseau tant désiré. Il soupirait amèrement ; la tristesse et la crainte étaient peintes sur son visage ; le doux sommeil fuyait loin de ses yeux ; nul mets exquis ne lui semblait doux ; il était inquiet, alarmé du moindre bruit ; toujours tourné vers le port, il demandait à tout moment si l'on n'avait point vu quelque vaisseau venu d'Ionie. Il en vit un, mais, hélas ! Aristonoüs n'y était pas ; il ne portait que ses cendres dans une urne d'argent. Amphiclès, ancien ami du mort, et à peu près du même âge, fidèle exécuteur de ses dernières volontés, ap-

portait tristement cette urne. Quand il aborda
Sophronyme, la parole leur manqua à tous deux,
et ils ne s'exprimèrent que par leurs sanglots.
Sophronyme ayant baisé l'urne, et l'ayant arrosée
de ses larmes, parla ainsi : « O vieillard! vous
avez fait le bonheur de ma vie, et vous me causez
maintenant la plus cruelle de toutes les douleurs : je ne vous verrai plus; la mort me serait
douce, pour vous voir et pour vous suivre dans
les Champs-Élysées [28] , où votre ombre jouit de
la bienheureuse paix que les dieux justes réser-
vent à la vertu. Vous avez ramené en nos jours
la justice, la piété et la reconnaissance sur la
terre ; vous avez montré dans un siècle de fer la
bonté et l'innocence de l'âge d'or. Les dieux,
avant que de vous couronner dans le séjour des
justes, vous ont accordé ici-bas une vieillesse
heureuse, agréable et longue; mais, hélas ! ce
qui devrait toujours durer n'est jamais assez
long. Je ne sens plus aucun plaisir à jouir de vos
dons, puisque je suis réduit à en jouir sans
vous. O chère ombre ! quand est-ce que je vous
suivrai! Précieuses cendres, si vous pouvez sentir
encore quelque chose, vous ressentirez sans
doute le plaisir d'être mêlées à celles d'Alcine :
les miennes s'y mêleront aussi un jour. En attendant, toute ma consolation sera de conserver
ces restes de ce que j'ai le plus aimé. O Aristonoüs ! ô Aristonoüs ! non, vous ne mourrez
point, et vous vivrez toujours dans le fond de mon
cœur. Plutôt m'oublier moi-même que d'oublier
jamais cet homme si aimable qui m'a tant aimé,
qui aimait tant la vertu, à qui je devais tout ! »

Après ces paroles, entrecoupées de profonds soupirs, Sophronyme mit l'urne dans le tombeau d'Alcine; il immola plusieurs victimes, dont le sang inonda les autels de gazon qui environnaient le tombeau; il répandit des libations abondantes de vin et de lait; il brûla des parfums venus du fond de l'Orient, et il s'éleva un nuage odoriférant au milieu des airs. Sophronyme établit à jamais pour toutes les années, dans la même saison, des jeux funèbres en l'honneur d'Alcine et d'Aristonoüs. On y venait de la Carie [29], heureuse et fertile contrée; des bords enchantés du Méandre, qui se joue par tant de détours, et qui semble quitter à regret le pays qu'il arrose; des rives toujours vertes du Caïstre; des bords du Pactole [30], qui roule sous ses flots un sable doré; de la Pamphylie [31], que Cérès, Pomone et Flore ornent à l'envi; enfin des vastes plaines de la Cilicie [32], arrosées comme un jardin par les torrents qui tombent du mont Taurus toujours couvert de neiges. Pendant cette fête si solennelle, les jeunes garçons et les jeunes filles, vêtus de robes traînantes de lin plus blanches que les lis, chantaient des hymnes à la louange d'Alcine et d'Aristonoüs: car on ne pouvait louer l'un sans louer aussi l'autre, ni séparer deux hommes si étroitement unis, même après leur mort.

Ce qu'il y eut de plus merveilleux, c'est que, dès le premier jour, pendant que Sophronyme faisait les libations de vin et de lait, un myrte d'une verdure et d'une odeur exquise naquit au milieu du tombeau, et éleva tout à coup sa tête touffue, pour couvrir les deux urnes de ses rameaux et de son ombre. Chacun s'écria qu'Aristonoüs, en récompense de sa vertu, avait été changé par les dieux en un arbre si beau. Sophronyme prit soin de l'arroser lui-même, et de l'honorer comme une divinité. Cet arbre, loin de vieillir, se renouvelle de dix ans en dix ans ; et les dieux ont voulu faire voir, par cette merveille, que la vertu , qui jette un si doux parfum dans la mémoire des hommes, ne meurt jamais [33].

NOTES.

[1] Petite île de la mer Égée, célèbre par le culte qu'on y rendait à Apollon , qui, selon la fable, y était né.

[2] Neptune , pour assurer à Latone , persécutée par Junon , un lieu où elle pût mettre au monde Apollon et Diane , avait d'un coup de son trident fait sortir Délos du fond de la mer, et l'avait laissée errer à la surface. Apollon dans la suite la rendit immobile et la fixa au milieu des Cyclades, groupes d'îles ainsi nommées d'un mot grec qui signifie *cercle*, parce que leur réunion forme en effet un cercle autour de Délos.

[3] L'une des Cyclades , riche, puissante et renommée pour ses beaux marbres. C'est pour avoir échoué devant cette île que Miltiade fut condamné à une amende et jeté dans une prison où il mourut des blessures qu'il avait reçues pendant l'expédition. —On a trouvé dans l'île de Paros , vers le commencement du dix-septième siècle, une suite de tables chronologiques gravées sur des marbres et comprenant un intervalle de 1319 ans , depuis Cécrops (1582 avant J.-C.) jusqu'à l'archontat de Diognète (263 avant J.-C.). Possédées d'abord par un Français, M. de Peiresc , qui les céda au comte d'Arundel , ces tables sont déposées dans la bibliothèque de l'Académie d'Oxford. On les nomme communément marbres d'Oxford ou d'Arundel.

[4] Sur la côte de l'Asie Mineure. Patrie du philosophe Anaxagore, dont Périclès fut le disciple et l'ami.

2

5 Île de la mer Égée, sur la côte de l'Ionie, entre Lesbos au nord et Samos au sud; célèbre par l'excellence de ses vins. Sa capitale était une des sept villes qui se vantaient d'avoir été le berceau d'Homère. Les autres étaient : Athènes, Argos, Smyrne, Colophon, Salamine et Rhodes.

6 Ville de l'Ionie, patrie du poëte Anacréon, qui est souvent appelé le *vieillard de Téos.* — Cet usage d'exposer les enfants à leur naissance était commun chez les anciens et ne choquait ni les mœurs ni les lois qui l'autorisaient. Les poëtes comiques en faisaient la base la plus ordinaire de l'intrigue et du dénouement de leurs pièces.

7 Ville d'Ionie.

8 Province méridionale de l'Asie Mineure.

9 Ville maritime de la Lycie, célèbre par un temple et un oracle d'Apollon. On croyait que ce dernier venait y passer l'hiver, ce qui avait fait donner le surnom d'*Hibernie* à toute la province.

10 Apollon était le dieu de la lumière, de la médecine, de la poésie et des arts. Son fils Esculape ayant été foudroyé par Jupiter pour avoir empiété sur le pouvoir des dieux en rendant la vie à Hippolyte, fils de Thésée, Apollon, qui ne pouvait se venger sur Jupiter lui-même, s'en prit aux Cyclopes qui avaient forgé les foudres, et les tua. Cette action le fit chasser du ciel, et il se retira en Thessalie chez le roi Admète, dont il garda les troupeaux, ce qui le fit honorer par la suite comme le dieu des bergers. Ce fut pendant cet exil qu'il inventa la flûte et adoucit les mœurs des hommes par la culture des arts.

11 Petite contrée de l'Asie Mineure.

12 Île de la Méditerranée, entre l'île de Rhodes et celle de Crète. Elle donnait son nom à la partie de la mer où elle était située.

13 Les anciens donnaient ce nom à trois déesses, qui présidaient à la vie humaine représentée par un fil roulé autour d'un fuseau que tenait *Lachésis*, l'une d'elles ; *Clotho* tenait le fil, et *Atropos* le coupait.

14 *Se passer de peu* ou *à peu*, pour *se contenter de*, est une locution qui a un peu vieilli et dont l'esprit ne saisit pas de suite le sens, parce qu'il se rappelle involontairement l'expression *se passer de quelque chose*, qui a un sens tout différent, et qui est d'un usage habituel.

15 Fleuve de la Lycie, qui coule du mont Taurus à la Méditerranée.

16 Grande île de la Méditerranée, au sud-ouest de l'Italie. Elle fut le premier théâtre des guerres entre les Romains et les Carthaginois, qui s'en disputèrent longtemps la possession. Elle finit par rester aux premiers. Sa richesse et sa fertilité lui firent donner le nom de grenier de Rome. Sur la côte sud-est était la ville d'Hybla, près de la montagne du même nom célèbre par ses abeilles.

17 Le mont Hymette est toujours renommé pour son miel.

18 Les anciens appelaient *nectar* la liqueur que buvaient les dieux. On donne aussi ce nom par allusion à toute boisson d'un goût exquis.

19 Homère, le père de la poésie grecque, ou pour mieux dire de la poésie en général, car il est encore pour les modernes, comme il était pour les anciens, un modèle toujours consulté et une source inépuisable de toutes les beautés poétiques.

> Trois mille ans ont passé sur la cendre d'Homère,
> Et depuis trois mille ans Homère respecté
> Est jeune encor de gloire et d'immortalité.

On ne connaît de ce poëte que ses ouvrages, dont les principaux sont l'*Iliade*, dont le sujet est le siége et la prise de Troie, et l'*Odyssée* ou le tableau des voyages et des malheurs d'Ulysse au retour de cette fameuse expédition. Quant à lui personnellement, on ignore jusqu'à son véritable nom, car celui d'*Homère*, qui signifie aveugle, ne paraît être qu'un surnom. Plusieurs villes, comme nous l'avons vu dans une note précédente, se disputaient l'honneur de lui avoir donné naissance. On croit qu'il vivait deux siècles environ après la guerre de Troie, et les traditions le représentent pauvre, vieux et privé de la vue, parcourant les îles de la Grèce et le midi de l'Europe, récitant des fragments de ses poésies et adoucissant les mœurs encore grossières des sociétés naissantes par l'intérêt de ses narrations et le charme de ses vers.

Ce ne fut qu'au sixième siècle avant J.-C. et par les soins des Pisistratides que les chants d'Homère furent recueillis et rassemblés en corps d'ouvrage.

Alexandre le Grand portait les œuvres de ce poëte dans tous ses voyages et les mettait ordinairement sous son oreiller; et Ptolémée Philopator, roi d'Égypte, lui éleva un temple où il lui fit rendre des honneurs presque divins. — Hésiode, le plus célèbre poëte grec après Homère, dont on croit qu'il fut le contemporain. On n'a également que fort peu de détails sur sa vie. Il est souvent désigné sous le nom de *vieillard d'Ascrée*, ville de la Béotie où il fut élevé. On pense qu'il était né à Cumes dans l'Eolide. Il a composé deux poëmes didactiques, l'un sur l'agriculture, *les Travaux et les Jours*, et l'autre intitulé la *Théogonie* ou la Génération des Dieux.

20 Cérès, fille de Saturne et de Cybèle, enseigna aux hommes l'agriculture, dont elle donna les premières leçons à Triptolème, fils de Céleus, roi d'Éleusis. Aussi les anciens dans leur culte ne séparaient-ils point Triptolème de Cérès.

21 Hébé, déesse de la jeunesse, dont l'emploi au ciel était de verser le nectar aux dieux, fut donnée pour épouse à Hercule, qui après sa mort avait été placé dans l'Olympe. L'emploi d'échanson des dieux fut donné après Hébé à Ganymède, fils de Tros, roi de Troie, et enlevé par Jupiter transformé en aigle. Dans la suite ce jeune prince fut placé dans le zodiaque, où il devint le signe du verseau.

22 Vin *pramnien*, sorte de vin très-estimé qu'on tirait d'un vignoble situé près d'un rocher de l'île d'Icare, nommé *Pramnium*.

23 Autrefois, comme aujourd'hui, l'huile de l'Attique n'était pas moins renommée que son miel.

24 *Arcadie*, contrée du centre du Péloponèse, dont presque tous les habitants étaient pasteurs.

25 Le talent *euboïque* (ainsi nommé de l'Eubée, île de la mer Égée) différait peu ou seulement de nom du talent attique. L'un et l'autre valaient 6,000 drachmes, ou à peu près 5,560 fr. 90 c. de notre monnaie. On peut donc évaluer à près de 280,000 fr. la somme donnée par Aristonoüs à Sophronyme.

26 Voy. plus haut la note 4.

27 Smyrne, l'une des villes ioniennes de la Lydie (Asie Mineure) les plus anciennes, les plus riches et les plus puissantes. Détruite par un tremblement de terre l'an de J.-C. 180, elle fut rétablie par Marc-Aurèle, et est encore la ville la plus commerçante du Levant. — Lébède ou Lébédos, dont il ne reste que des ruines, était très-fréquentée par les comédiens, qui s'y rassemblaient pour jouer leurs pièces et y célébrer les fêtes de

Bacchus. — Colophon avait été fondée par Mopsus, petit-fils de Tirésias ; il n'en reste aucun vestige.

28 Les anciens appelaient *Champs Élysées* cette partie des enfers qu'ils croyaient être, après la mort, le séjour des âmes vertueuses.

29 La *Carie*, province de l'Asie Mineure, est bornée à l'est par la Phrygie et la Lycie, et au nord par le *Méandre*, fleuve célèbre par les sinuosités multipliées de son cours. — Le *Caïstre*, fleuve de Lydie, était renommé par les cygnes qui fréquentaient ses bords.

30 Le *Pactole*, fleuve de Phrygie, était anciennement nommé *Chrisorrhoas* parce qu'il charriait des paillettes d'or, provenant sans doute des mines d'or du mont Tmolus, d'où il coulait Les traditions mythologiques rapportent que Midas s'y étant baigné pour se délivrer de la dangereuse faculté de changer en or tout ce qu'il touchait, c'est depuis ce temps que le fleuve roulait un sable doré.

31 *Pamphylie*, province de l'Asie Mineure au sud.—*Pomone*, déesse des fruits. — *Flore*, déesse des fleurs.

32 La *Cilicie*, province de l'Asie Mineure, était séparée de la Cappadoce au nord par le *Taurus*, chaîne de montagnes qui prenait différents noms, selon les différentes contrées qu'elle traversait. C'est en Cilicie que fut fabriqué pour la première fois le *cilice*, espèce d'habit fait de poil de bouc ou de chèvres, que portaient les soldats et les matelots. Ce nom a été plus tard appliqué au vêtement dur et grossier que s'imposaient par pénitence les religieux ou les pécheurs repentants.

33 Parmi les poésies du jeune et malheureux André Chénier, il y a une idylle intitulée *le Mendiant*, qui a beaucoup de rapport avec la fable d'Aristonoüs, et qui a, comme elle, pour sujet la reconnaissance et l'hospitalité, deux vertus si rares parmi nous et si particulièrement honorées des anciens. Nous engageons nos jeunes lecteurs à lire ce poëme charmant, auquel une mort prématurée et sanglante n'a pas permis à son auteur de mettre la dernière main. Ils y trouveront, comme dans la prose de Fénelon, cette couleur et ce parfum de l'antiquité dont on s'éloigne tous les jours.

II

LES AVENTURES DE MÉLÉSICHTON.

Mélésichton, né à Mégare [1], d'une race illustre parmi les Grecs, ne songea dans sa jeunesse qu'à imiter dans la guerre les exemples de ses ancêtres : il signala sa valeur et ses talents dans plusieurs expéditions ; et comme toutes ses inclinations étaient magnifiques, il y fit une dépense éclatante qui le ruina bientôt. Il fut contraint de se retirer dans une maison de campagne sur le bord de la mer, où il vivait dans une profonde solitude avec sa femme Proxinoé. Elle avait de l'esprit, du courage, de la fierté. Sa beauté et sa naissance l'avaient fait rechercher par des partis beaucoup plus riches que Mélésichton; mais elle l'avait préféré à tous les autres pour son seul mérite. Ces deux personnes, qui, par leur vertu et leur amitié, s'étaient rendues naturellement heureuses pendant plusieurs années, commencèrent alors à se rendre mutuellement malheureuses par la compassion qu'elles avaient l'une pour l'autre. Mélésichton aurait supporté plus facilement ses malheurs, s'il eût pu les souffrir tout seul, et sans une personne qui lui était si chère; Proxinoé sentait qu'elle augmentait les peines de Mélésichton. Ils cherchaient à se consoler par deux enfants qui semblaient avoir été formés par les Grâces : le fils se nommait Mélibée, et la fille Poéménis. Mélibée, dans un âge tendre, commençait déjà à montrer de la force, de l'adresse et du courage : il surmontait à la lutte, à la course et aux autres exercices, les enfants de son voisinage. Il s'enfonçait dans les forêts ; et ses flèches ne portaient pas des coups moins assurés que ceux d'Apollon. Il suivait encore plus ce dieu dans les sciences et dans les beaux-arts, que dans les exercices du corps. Mélésichton, dans sa solitude, lui enseignait tout ce qui peut cultiver et orner l'esprit, tout ce qui peut faire aimer la vertu et régler les mœurs. Mélibée avait un air simple, doux et ingénu, mais noble, ferme et hardi. Son père jetait les yeux sur lui, et ses yeux se noyaient de larmes. Poéménis était instruite par sa mère dans tous les beaux-arts que Minerve a donnés aux hommes ; elle ajoutait aux ouvrages les plus exquis les charmes d'une voix qu'elle joignait avec une lyre plus touchante que celle d'Orphée [3]. A la voir, on eût cru que c'était la jeune Diane [4] sortie de l'île flottante où elle naquit. Ses cheveux blonds étaient noués négligemment derrière sa tête ; quelques-uns, échappés, flottaient sur son cou au gré des vents ; elle n'avait qu'une robe légère, avec une ceinture qui la relevait un peu pour être plus en état d'agir. Sans parure, elle effaçait tout ce qu'on peut voir de plus beau, et elle ne le savait pas ; elle n'avait même jamais songé à se regarder sur le bord des fontaines : elle ne voyait que sa famille et ne songeait qu'à travailler. Mais le père, accablé d'ennuis, et ne voyant plus aucune ressource dans ses affaires, ne cherchait que la solitude; sa femme et ses enfants faisaient son supplice. Il allait souvent sur le rivage de la mer, au pied d'un grand rocher plein d'antres sauvages : là, il déplorait ses malheurs; puis il entrait dans une profonde vallée qu'un bois épais dérobait aux rayons du soleil au milieu du jour; il s'asseyait sur le gazon qui bordait une claire fontaine, et toutes les plus tristes pensées revenaient en foule dans son cœur. Le doux sommeil était loin de ses yeux; il ne parlait plus qu'en gémissant; la vieillesse venait avant le temps flétrir et rider son visage; il oubliait même tous les besoins de la vie, et succombait à sa douleur.

Un jour, comme il était dans cette vallée si profonde, il s'endormit de lassitude et d'épuisement; alors il vit en songe la déesse Cérès, couronnée d'épis dorés, qui se présenta à lui avec un visage doux et majestueux : « Pourquoi, lui dit-elle, en l'appelant par son nom, vous laissez-vous abattre aux rigueurs de la Fortune? — Hélas! répondit-il, mes amis m'ont abandonné, je n'ai plus de bien : il ne me reste que des procès et des créanciers; ma naissance fait le comble de mon malheur, et je ne puis me résoudre à travailler comme un esclave pour gagner ma vie. »

Alors Cérès lui répondit : « La noblesse consiste-t-elle dans les biens? Ne consiste-t-elle pas plutôt à imiter la vertu de ses ancêtres? Il n'y a de nobles que ceux qui sont justes. Vivez de peu; gagnez ce peu par votre travail; ne soyez à charge à personne : vous serez le plus noble de tous les hommes. Le genre humain se rend lui-même

misérable par sa mollesse et par sa fausse gloire.
Si les choses nécessaires vous manquent, pourquoi les voulez-vous devoir à d'autres qu'à vous-
même? Manquez-vous de courage pour vous les
donner par une vie laborieuse? »

Elle dit, et aussitôt elle lui présenta une charrue d'or avec une corne d'abondance. Alors
Bacchus[5] parut couronné de lierre, et tenant un
thyrse dans sa main; il était suivi de Pan[6], qui
jouait de la flûte et qui faisait danser les Faunes
et les Satyres[7]. Pomone se montra chargée de
fruits, et Flore, ornée des fleurs les plus vives
et les plus odoriférantes. Toutes les divinités
champêtres jetèrent un regard favorable sur
Mélésichton.

Il s'éveilla, comprenant la force et le sens de
ce songe divin; il se sentit consolé, et plein de
goût pour tous les travaux de la vie champêtre.
Il parla de ce songe à Proxinoé, qui entra dans
tous ses sentiments. Le lendemain ils congédient
leurs domestiques inutiles : on ne vit plus chez
eux des gens dont le seul emploi fût le service
de leurs personnes. Ils n'eurent plus ni char ni
conducteur. Proxinoé avec Poéménis filaient en
menant paître leurs moutons; ensuite elles faisaient leurs toiles et leurs étoffes, puis elles tail-
laient et cousaient elles-mêmes leurs habits et
ceux du reste de la famille. Au lieu des ouvrages
de soie, d'or et d'argent qu'elles avaient accoutumé de faire avec l'art exquis de Minerve, elles
n'exerçaient plus leurs doigts qu'au fuseau ou à
d'autres travaux semblables. Elles préparaient
de leurs propres mains les légumes qu'elles

cueillaient dans leur jardin, pour nourrir toute
la maison. Le lait de leurs troupeaux, qu'elles
allaient traire, achevait de mettre l'abondance.
On n'achetait rien : tout était préparé promptement et sans peine. Tout était bon, simple, naturel, assaisonné par l'appétit, inséparable de la
sobriété et du travail.

Dans une vie si champêtre, tout était chez eux
net et propre. Toutes les tapisseries étaient ven-
dues ; mais les murailles de la maison étaient
blanches, et on ne voyait nulle part rien de sale
ni de dérangé ; les meubles n'étaient jamais
couverts de poussière ; les lits étaient d'étoffes
grossières, mais propres. La cuisine même avait
une propreté qui n'est point dans les grandes
maisons : tout y était bien rangé et luisant. Pour
régaler la famille dans les jours de fête, Proxinoé
faisait des gâteaux excellents. Elle avait des
abeilles dont le miel était plus doux que celui
qui coulait du tronc des arbres creux pendant
l'âge d'or[8]. Les vaches venaient d'elles-mêmes
offrir des ruisseaux de lait. Cette femme laborieuse avait dans son jardin toutes les plantes
qui peuvent aider à nourrir l'homme en chaque
saison, et elle était toujours la première à avoir
les fruits et les légumes de chaque temps : elle
avait même beaucoup de fleurs, dont elle vendait
une partie, après avoir employé l'autre à orner
sa maison. La fille secondait sa mère, et ne goûtait d'autre plaisir que celui de chanter en tra-
vaillant ou en conduisant ses moutons dans les
pâturages. Nul autre troupeau n'égalait le sien :
la contagion et les loups même n'osaient en ap-

procher. A mesure qu'elle chantait, ses tendres agneaux dansaient sur l'herbe, et tous les échos d'alentour semblaient prendre plaisir à répéter ses chansons.

Mélésichton labourait lui-même son champ ; lui-même il conduisait sa charrue, semait et moissonnait. Il trouvait les travaux de l'agriculture moins durs, plus innocents, et plus utiles que ceux de la guerre. A peine avait-il fauché l'herbe tendre de ses prairies, qu'il se hâtait d'enlever les dons de Cérès, qui le payaient au centuple du grain semé. Bientôt Bacchus faisait couler pour lui un nectar digne de la table des dieux ; Minerve lui donnait aussi le fruit de son arbre, qui est si utile à l'homme. L'hiver était la saison du repos, où toute la famille assemblée goûtait une joie innocente, et remerciait les dieux d'être si désabusée des faux plaisirs. Ils ne mangeaient de viande que dans les sacrifices, et leurs troupeaux n'étaient destinés qu'aux autels.

Mélibée ne montrait presque aucune des passions de la jeunesse : il conduisait les grands troupeaux, il coupait de grands chênes dans les forêts, il creusait de petits canaux pour arroser les prairies; il était infatigable pour soulager son père : ses plaisirs, quand le travail n'était pas de saison, étaient la chasse, les courses avec les jeunes gens de son âge, et la lecture, dont son père lui avait donné le goût.

Bientôt Mélésichton, en s'accoutumant à une vie si simple, se vit plus riche qu'il ne l'avait été auparavant. Il n'avait chez lui que les choses nécessaires à la vie ; mais il les avait toutes en

abondance. Il n'avait presque de société que dans
sa famille : ils s'aimaient tous ; ils se rendaient
mutuellement heureux ; ils vivaient loin des palais des rois, et des plaisirs qu'on achète si cher ;
les leurs étaient doux, innocents, simples, faciles
à trouver, et sans aucune suite dangereuse. Mélibée et Poéménis furent ainsi élevés dans le goût
des travaux champêtres. Ils ne se souvinrent de
leur naissance que pour avoir plus de courage en
supportant la pauvreté. L'abondance revenue
dans toute cette maison n'y ramena point le faste ;
la famille entière fut toujours simple et laborieuse. Tout le monde disait à Mélésichton :
« Les richesses rentrent chez vous ; il est temps
de reprendre votre ancien éclat. » Alors il répondit ces paroles : « A qui voulez-vous que je
m'attache, ou au faste qui m'avait perdu, ou à
une vie simple et laborieuse qui m'a rendu riche
et heureux ? » Enfin, se trouvant un jour dans
ce bois sombre où Cérès l'avait instruit par un
songe si utile, il s'y reposa sur l'herbe, avec
autant de joie qu'il y avait eu d'amertume dans
le temps passé. Il s'endormit ; et la déesse se
montrant à lui, comme dans son premier songe,
lui dit ces paroles : « La vraie noblesse consiste
à ne recevoir rien de personne, et à faire du
bien aux autres. Ne recevez donc rien que du
sein fécond de la terre, et de votre propre travail.
Gardez-vous bien de quitter jamais, par mollesse
ou par fausse gloire, ce qui est la source naturelle et inépuisable de tous les biens. »

NOTES.

1 *Mégare*, capitale de la Mégaride, petite contrée de la Grèce proprement dite; patrie du philosophe Euclide, qu'il ne faut pas confondre avec le célèbre mathématicien du même nom. Ce dernier était d'Alexandrie.

2 *Minerve*, fille de Jupiter, déesse de la sagesse, de la guerre et des arts; on lui attribue la construction du vaisseau des Argonautes et l'invention de la flûte ; elle était surtout habile dans la tapisserie et la broderie. Aussi jalouse qu'Apollon de sa supériorité dans les arts, elle jeta sa flûte de dépit pour quelques railleries qu'elle essuya de la part de Vénus et de Junon; et se voyant surpassée par Arachné dans un ouvrage de broderie, elle la changea en araignée. Neptune lui disputant l'honneur de donner son nom à la ville d'Athènes, et, pour appuyer ses droits, ayant fait naître le cheval, symbole de guerre, la déesse produisit l'olivier, symbole de paix, et l'emporta.

3 *Orphée*, l'un des plus anciens théologiens, musiciens et poëtes de la Grèce, vivait cent ans avant la guerre de Troie. On le disait fils d'OEagre, roi de Thrace, et de la muse Calliope, ou d'Apollon et de Clio. On lui donne pour fils Musée et pour maître Linus. Il adoucit les mœurs féroces des Thraces, et par la perfection de ses talents il parvint à les civiliser; ce qui fit dire que l'harmonie et la beauté de ses chants subjuguaient la nature entière; que pour les entendre les fleuves suspendaient leur cours, les bêtes sauvages sortaient de leurs antres, les arbres inclinaient leurs rameaux, et les montagnes même s'ébranlaient. Il faisait partie de l'expédition des Argonautes, et par les doux sons de sa lyre il charmait les ennuis et les fatigues du voyage. Désespéré de la perte d'une épouse chérie, et tout entier à ses regrets, il ne voulut plus contracter de nouveaux liens. Les femmes de la Thrace se vengèrent de ses dédains, et pendant les fêtes de Bacchus il fut tué par les Bacchantes, qui dispersèrent ses membres et jetèrent sa tête dans l'Hèbre.

4 *Diane*, sœur d'Apollon, née comme lui dans l'île de Délos, était déesse de la chasse. On l'adorait aussi comme la lune, et en cette qualité on lui donnait le nom de *Phœbé*. Enfin elle s'appelait *Hécate* ou *Proserpine* aux enfers.

5 *Bacchus*, dieu du vin, fils de Jupiter et de Sémélé, fille de
Cadmus. Après avoir fait la conquête de l'Inde, ce dieu épousa
Ariane, que Thésée avait abandonnée dans l'île de Naxos. Il
enseigna aux hommes l'agriculture et leur apprit à planter la
vigne et à faire le vin. Il fut le seul dieu qui n'abandonna pas
Jupiter dans la guerre des Géants, contre lesquels il combattit
avec fureur sous la forme d'un lion. On le représente toujours
armé d'un *thyrse*, sorte de lance ou de javelot environné de
pampre ou de feuilles de lierre pour en cacher la pointe; on
croyait qu'il s'était servi de cette arme dans la conquête des
Indes.

6 *Pan*, dieu des bergers, fils de Jupiter et de Calisto, inventeur d'une espèce de flûte à sept tuyaux, qu'il appela *syrinx*
en mémoire d'une nymphe de ce nom qu'il avait aimée et qui
avait été changée en roseaux. On le représente avec des cornes
sur la tête, un nez plat, des cuisses, des jambes et des pieds de
chèvre.

7 Les *Faunes*, divinités champêtres, descendaient de Faunus.
On les distinguait des Satyres et des Sylvains par leurs occupations, qui se rapprochaient davantage de l'agriculture. Ils
étaient représentés avec de petites cornes sur le front, et au
dos une queue de bouc. Le pin et l'olivier sauvage leur étaient
consacrés.—Les *Satyres* étaient d'autres divinités champêtres,
qu'on représentait à peu près sous les mêmes traits, et qu'on
disait fils de Bacchus et de la naïade Nicée.

8 Les anciens distinguaient quatre âges dans les premiers
temps du monde : 1º L'*âge d'or*, que les poëtes placent sous le
règne de Saturne, vit fleurir l'innocence et la vertu. La terre
produisait sans culture, et des fleuves de lait et de miel coulaient de toutes parts. 2º L'*âge d'argent* est le règne de Jupiter,
qui détrôna Saturne. La terre eut besoin de culture et ne répondit pas toujours aux vœux de l'homme. 3º L'*âge d'airain*
donna naissance aux premiers crimes et aux premiers combats.
4º L'*âge de fer* est signalé par le débordement de tous les vices,
de tous les crimes et de toutes les misères humaines.

III

Virgile étant descendu aux Enfers, entra dans les campagnes fortunées où les héros et les hommes inspirés des dieux passaient une vie bienheureuse sur des gazons toujours émaillés de fleurs, et entrecoupés de mille ruisseaux. D'abord le berger Aristée, qui était là au nombre des demi-dieux, s'avança vers lui, ayant appris son nom. « Que j'ai de joie, lui dit-il, de voir un si grand poëte ! Vos vers coulent plus doucement que la rosée sur l'herbe tendre : ils ont une harmonie si douce, qu'ils attendrissent le cœur et qu'ils tirent les larmes des yeux. Vous en avez fait pour moi et pour mes abeilles, dont Homère même pourrait être jaloux. Je vous dois, autant qu'au Soleil et à Cyrène, la gloire dont je jouis. Il n'y a pas encore longtemps que je les récitai, ces vers si tendres et si gracieux, à Linus [3], à Hésiode et à Homère. Après les avoir entendus, ils allèrent tous trois boire de l'eau du fleuve de Léthé [4] pour les oublier, tant ils étaient affligés de repasser dans leur mémoire des vers si dignes d'eux, qu'ils n'avaient pas faits. Vous savez que la nation des poëtes est jalouse. Venez donc parmi eux prendre votre place. — Elle sera bien mauvaise, cette place, répondit Virgile, puis-

qu'ils sont si jaloux. J'aurai de mauvaises heures
à passer dans leur compagnie : je vois bien que
les abeilles n'étaient pas plus faciles à irriter que
le cœur des poëtes. — Il est vrai, répondit Aristée : ils bourdonnent comme les abeilles ; comme
elles, ils ont un aiguillon perçant, pour piquer
tout ce qui enflamme leur colère. — J'aurai encore, dit Virgile, un autre grand homme à ménager : c'est le divin Orphée. Comment vivez-
vous ensemble ? — Assez mal, répondit Aristée.
Il est encore jaloux de sa femme, comme les trois
autres de la gloire des vers. Mais pour vous, il
il vous recevra bien, car vous l'avez traité honorablement, et vous avez parlé beaucoup plus sa-
gement qu'Ovide [5] de sa querelle avec les femmes
de Thrace [6], qui le massacrèrent. Mais ne tar-
dons pas davantage : entrons dans ce petit bois
sacré, arrosé de tant de fontaines plus claires que
le cristal ; vous verrez que toute la troupe sacrée
se lèvera pour vous faire honneur. N'entendez-
vous pas déjà la lyre d'Orphée ? Écoutez Linus,
qui chante le combat des Dieux contre les Géants [7].
Homère se prépare à chanter Achille [8] qui venge
la mort de Patrocle [9] par celle d'Hector [10]. Mais
Hésiode est celui que vous avez le plus à craindre ;
car de l'humeur dont il est, il sera bien fâché que
vous ayez osé traiter avec tant d'élégance toutes
les choses rustiques qui ont été son partage. »
A peine Aristée eut achevé ces mots, qu'ils arrivèrent dans cet ombrage frais où règne un éternel
enthousiasme qui possède ces hommes divins.
Tous se levèrent : on fit asseoir Virgile ; on le
pria de chanter ses vers. Il les chanta d'abord

avec modestie, et puis avec transport. Les plus jaloux sentirent malgré eux une douceur qui les ravissait. La lyre d'Orphée, qui avait enchanté les rochers et les bois, échappa de ses mains, et des larmes amères coulèrent de ses yeux. Homère oublia pour un moment la magnificence rapide de l'Iliade et la variété agréable de l'Odyssée. Linus crut que ces beaux vers avaient été faits par son père Apollon : et il était immobile, saisi, et suspendu par un si doux chant. Hésiode, tout ému, ne pouvait résister à ce charme. Enfin revenant un peu à lui, il prononça ces paroles pleines de jalousie et d'indignation : « O Virgile ! tu as fait des vers plus durables que l'airain et le bronze ! Mais je prédis qu'un jour on verra un enfant qui les traduira en sa langue, et qui partagera avec toi la gloire d'avoir chanté les abeilles. »

NOTES.

1 *Aristée* était fils d'Apollon et de la nymphe Cyrène, qui donna son nom à une contrée de l'Afrique, la *Cyrénaïque.* Il fut élevé par le centaure Chiron, épousa une fille de Cadmus, fondateur de Thèbes, et en eut un fils nommé Actéon, célèbre par sa mort cruelle. Il passait pour avoir été le premier qui sut cailler le lait, cultiver l'olivier, et élever les abeilles. Il établit une colonie dans la Sardaigne, qui avant lui était sauvage, et y introduisit l'agriculture. Retiré en Thrace, il causa involontairement la mort d'Eurydice, épouse d'Orphée, et la perte de ses abeilles fut la punition de ce malheur. Cet événement a fourni à Virgile le sujet du touchant épisode qui termine le quatrième chant de ses Géorgiques, et que reproduit avec un si rare bonheur la poésie élégante et facile de notre Delille.

2 *Virgile*, le prince des poëtes latins, naquit à Mantoue, l'an 70 avant J.-C. Il a imité et souvent égalé Homère dans son poëme de l'Énéide, monument élevé à la grandeur romaine, et dont le héros est Énée, prince troyen, qui après la ruine de sa patrie vint s'établir en Italie. Il a, comme Hésiode, chanté les travaux de la campagne, mais il l'a surpassé, et ses églogues le placent, pour la poésie pastorale, à côté de Théocrite. La douceur de ses vers et les grâces majestueuses de son style.l'ont fait surnommer le *cygne de Mantoue*. Racine est celui de nos poëtes qui s'en rapproche davantage, et on lui compare aussi Fénelon, à qui l'on donne également le surnom de *cygne de Cambrai*, pour peindre d'un seul trait la pureté de son âme et celle de son style.

3 *Linus*, l'un des plus anciens poëtes grecs, était fils d'Apollon et de la muse Calliope. On lui attribue l'invention du rhythme et de la mélodie, et il fut le maître d'Orphée. — Voy. pour *Hésiode* et *Homère*, I, note 19; et pour *Orphée*, II, note 3.

4 Le *Léthé* était un fleuve des enfers, dont les eaux, comme l'indique son nom, qui signifie *oubli*, avaient la propriété de faire oublier les plaisirs et les peines qu'on avait éprouvés pendant la vie. On en faisait boire aux âmes qui devaient animer d'autres corps.

5 *Ovide*, le plus grand poëte latin après Virgile, naquit à Sulmo en 43 avant J.-C. Disgracié par l'empereur Auguste pour une cause qui est restée inconnue, il mourut à Tomes sur le Pont-Euxin, à l'âge de cinquante-neuf ans. Son meilleur ouvrage est le poëme des *Métamorphoses*, qui offre un brillant tableau de la mythologie païenne. Il a composé en outre des héroïdes, des élégies, des poëmes sur *l'art d'aimer*, sur les *fastes* ou fêtes des Romains, etc.

6 La *Thrace*, pays montagneux et froid, entre la Scythie, la mer Égée, le Pont Euxin et la Macédoine, était anciennement célèbre par le courage, la férocité et l'intempérance de ses habitants. Orphée fut leur premier législateur, mais il ne parvint pas à les adoucir. Leurs principales divinités étaient Bacchus et Mars. La Thrace fournissait d'excellents chevaux. Elle devint par la suite, sous les Romains, une province importante, et Constantin y transporta le siège de l'empire.

7 Les *Géants*, fils de la Terre, comme l'indique leur nom, voulant venger les Titans, tentèrent d'escalader le ciel au moyen de montagnes qu'ils entassaient les unes sur les autres. Jupi-

ter, abandonné des autres dieux, mais aidé de Bacchus et d'Hercule, les foudroya et les ensevelit sous les montagnes mêmes dont ils s'étaient servis pour leur audacieuse entreprise.

8 Achille, roi de Thessalie, fils de Thétis et de Pélée, le plus vaillant des chefs grecs réunis sous les murs de Troie, a été rendu si célèbre par la muse d'Homère qui en a fait le héros de son Iliade, que son nom est devenu le symbole du courage militaire. Au moment où il allait épouser Polyxène, fille de Priam, roi de Troie, et, par ce mariage, mettre fin à la guerre, il fut tué dans le temple même par un des frères de Polyxène. Sa mort fit recommencer avec une nouvelle fureur les hostilités, qui ne se terminèrent que par la prise et la destruction de Troie.

9 Patrocle était fils d'un roi des Locriens. Forcé de s'exiler pour un crime involontaire, il avait été accueilli par Pélée, roi de Phthie, qui l'avait fait élever avec Achille par le centaure Chiron. Dès lors commença entre les deux jeunes guerriers cette amitié célèbre qui ne les a pas moins immortalisés que leur valeur. Patrocle ne quitta plus Achille, et combattit toujours à ses côtés. Lorsque ce héros, furieux d'une injustice qu'il avait essuyée de la part des Grecs, se renferma dans sa tente et leur refusa le secours de son bras, il permit à son ami de combattre pour eux sans lui, et lui prêta même ses propres armes. Mais le malheureux Patrocle ne put résister à Hector, qui lui ôta la vie et s'empara de l'armure d'Achille.

10 Hector, fils de Priam et d'Hécube, le plus vaillant des guerriers troyens. Il avait épousé Andromaque. Il fut tué par Achille, qui avait repris les armes après la mort de Patrocle. Le vainqueur, égaré par la colère et la douleur, abusa de la victoire; il traîna trois fois autour de la ville de Troie le cadavre du guerrier troyen qu'il avait attaché à son char, et le rendit ensuite à Priam, qui le fit ensevelir.

IV

HISTOIRE D'ALIBÉE, PERSAN.

Chah-Abbas [1], roi de Perse, faisant un voyage, s'écarta de toute sa cour, pour passer dans la campagne sans y être connu, et pour y voir les peuples dans toute leur liberté naturelle : il prit seulement avec lui un de ses courtisans. « Je ne connais point, lui dit le roi, les véritables mœurs des hommes : tout ce qui nous aborde est déguisé. C'est l'art, et non pas la nature simple, qui se montre à nous. Je veux étudier la vie rustique, et voir ce genre d'hommes qu'on méprise tant, quoiqu'ils soient le vrai soutien de toute la société humaine. Je suis lassé de voir des courtisans qui m'observent, pour me surprendre en me flattant. Il faut que j'aille voir des laboureurs et des bergers qui ne me connaissent pas. » Il passa avec son confident au milieu de plusieurs villages ou l'on faisait des danses ; et il était ravi de trouver loin des cours des plaisirs tranquilles et sans dépense. Il fit un repas dans une cabane ; et comme il avait grand'faim, après avoir marché plus qu'à l'ordinaire, les aliments grossiers qu'il prit lui parurent plus agréables que tous les mets exquis de sa table. En passant dans une prairie semée de fleurs, qui bordait un clair ruisseau, il aperçut un jeune berger qui jouait de la flûte à

l'ombre d'un grand ormeau, auprès de ses moutons paissants. Il l'aborde, il l'examine, il lui
trouve une physionomie agréable, un air simple
et ingénu, mais noble et gracieux. Les haillons
dont le berger était couvert ne diminuaient point
l'éclat de sa beauté. Le roi crut d'abord que
c'était quelque personne de naissance illustre
qui s'était déguisée; mais il apprit du berger
que son père et sa mère étaient dans un village
voisin, et que son nom était Alibée. A mesure
que le roi le questionnait, il admirait en lui un
esprit ferme et raisonnable. Ses yeux étaient vifs,
et n'avaient rien d'ardent et de farouche; sa voix
était douce, insinuante, et propre à toucher. Son
visage n'avait rien de grossier, mais ce n'était
pas une beauté molle et efféminée. Le berger,
d'environ seize ans, ne savait point qu'il fût tel
qu'il paraissait aux autres; il croyait penser,
parler, être fait comme les autres bergers de son
village. Mais, sans éducation, il avait appris tout
ce que la raison fait apprendre à ceux qui l'écou-
tent. Le roi, l'ayant entretenu familièrement, en
fut charmé. Il sut de lui, sur l'état des peuples,
tout ce que les rois n'apprennent jamais d'une
foule de flatteurs qui les environnent. De temps
en temps il riait de la naïveté de cet enfant, qui
ne ménageait rien dans ses réponses. C'é-
tait une grande nouveauté pour le roi que d'entendre parler si naturellement. Il fit signe au
courtisan qui l'accompagnait de ne point découvrir qu'il était le roi; car il craignait qu'Alibée ne
perdît en un moment toute sa liberté et toutes
ses grâces, s'il venait à savoir devant qui il par-

lait. « Je vois bien, disait le prince au courtisan,
que la nature n'est pas moins belle dans les plus
basses conditions que dans les plus hautes. Jamais enfant de roi n'a paru mieux né que celui-
ci qui garde les moutons. Je me trouverais trop
heureux d'avoir un fils aussi beau, aussi sensé et
aussi aimable. Il me paraît propre à tout, et si
l'on a soin de l'instruire, ce sera assurément, un
jour, un grand homme. Je veux le faire élever
auprès de moi. » Le roi emmena Alibée, qui fut
bien surpris d'apprendre à qui il s'était rendu si
agréable. On lui fit apprendre à lire, à écrire, à
chanter, et ensuite on lui donna des maîtres
pour les arts et pour les sciences qui ornent l'esprit. D'abord il fut un peu ébloui de la cour, et
son grand changement de fortune changea un
peu son cœur ; son âge et sa faveur joints ensemble altérèrent un peu sa sagesse et sa modération. Au lieu de sa houlette, de sa flûte et de son
habit de berger, il prit une robe de pourpre
brodée d'or, avec un turban couvert de pierreries. Sa beauté effaça tout ce que la cour avait
de plus agréable ; il se rendit capable des affaires
les plus sérieuses, et mérita la confiance de son
maître, qui, connaissant le goût exquis d'Alibée
pour toutes les magnificences d'un palais, lui
donna enfin une charge très-considérable en
Perse, qui est celle de garder tout ce que le
prince a de pierreries et de meubles précieux.

Pendant toute la vie du grand Chah-Abbas,
la faveur d'Alibée ne fit que croître. A mesure
qu'il s'avança dans un âge plus mûr, il se ressouvint enfin de son ancienne condition, et sou-

vent il la regrettait. « O beaux jours ! disait-il en
lui-même, jours innocents, jours où j'ai goûté
une joie pure et sans péril, jours depuis lesquels
je n'en ai vu aucun de si doux, ne vous re-
verrai-je jamais? Celui qui m'a privé de vous,
en me donnant tant de richesses, m'a tout ôté. »
Il voulut aller revoir son village ; il s'attendrit
dans tous les lieux où il avait autrefois dansé,
chanté, joué de la flûte avec ses compagnons.
Il fit quelque bien à tous ses parents et à tous ses
amis ; il leur souhaita pour principal bonheur de
ne quitter jamais la vie champêtre, et de n'éprouver
jamais les malheurs de la cour.

Il les éprouva, ces malheurs, après la mort de
son bon maître Chah-Abbas. Son fils Caph-
Sephi [2] succéda à ce prince; des courtisans en-
vieux et pleins d'artifices trouvèrent moyen de
le prévenir contre Alibée. « Il a abusé, disaient-
ils, de la confiance du feu roi. Il a amassé des
trésors immenses, et a détourné plusieurs choses
d'un très-grand prix, dont il était dépositaire. »
Caph-Sephi était tout ensemble jeune et prince ;
il n'en fallait pas tant pour être crédule, inappli-
qué et sans précaution [3]. Il eut la vanité de vouloir paraître réformer ce que le roi son père avait
fait, et juger mieux que lui. Pour avoir un prétexte de déposséder Alibée de sa charge, il lui
demanda, selon le conseil de ses courtisans en-
vieux, de lui apporter un cimeterre garni de diamants d'un prix immense, que le roi son grand-
père avait accoutumé de porter dans les combats.
Chah-Abbas avait fait autrefois ôter de ce cime-
tierre tous ces beaux diamants; et Alibée prouva

par de bons témoins que la chose avait été faite par l'ordre du feu roi, avant que la charge eût été donnée à Alibée. Quand les ennemis d'Alibée virent qu'ils ne pouvaient plus se servir de ce prétexte pour le perdre, ils conseillèrent à Caph-Sephi de lui commander de faire dans quinze jours un inventaire exact de tous les meubles précieux dont il était chargé. Au bout de quinze jours, il demanda à voir lui-même toutes ces choses. Alibée lui ouvrit toutes les portes, et lui montra tout ce qu'il avait en garde. Rien n'y manquait; tout était propre, bien rangé, et conservé avec grand soin. Le roi, bien étonné de trouver partout tant d'ordre et d'exactitude, était presque revenu en faveur d'Alibée, lorsqu'il aperçut, au bout d'une grande galerie pleine de meubles très-somptueux, une porte de fer qui avait trois grandes serrures. « C'est là, lui dirent à l'oreille les courtisans jaloux, qu'Alibée a caché toutes les choses précieuses qu'il vous a dérobées. » Aussitôt le roi en colère s'écria : « Je veux voir ce qui est au delà de cette porte. Qu'y avez-vous mis? Montrez-le moi. » A ces mots, Alibée se jeta à genoux, le conjurant au nom de Dieu de ne pas lui ôter ce qu'il avait de plus précieux sur la terre. « Il n'est pas juste, disait-il, que je perde en un moment ce qui me reste, et qui fait ma ressource, après avoir travaillé tant d'années auprès du roi votre père. Otez-moi, si vous voulez, tout le reste, mais laissez-moi ceci. » Le roi ne douta point que ce ne fût un trésor mal acquis qu'Alibée avait amassé; il prit un ton plus haut, et voulut absolument qu'on ouvrît

cette porte. Enfin Alibée, qui en avait les clefs,
l'ouvrit lui-même. On ne trouva en ce lieu que
la houlette, la flûte et l'habit de berger, qu'Alibée avait portés autrefois, et qu'il revoyait souvent avec joie, de peur d'oublier sa première
condition. « Voilà, dit-il, ô grand roi ! les précieux restes de mon ancien bonheur. Ni la fortune, ni votre puissance, n'ont pu me les ôter.
Voilà mon trésor, que je garde pour m'enrichir
quand vous m'aurez fait pauvre. Reprenez tout
le reste ; laissez-moi ces chers gages de mon premier état. Les voilà, mes vrais biens, qui ne me
manqueront jamais. Les voilà, ces biens simples,
innocents, toujours doux à ceux qui savent se
contenter du nécessaire et ne se tourmentent point
pour le superflu. Les voilà, ces biens dont la liberté et la sûreté sont les fruits. Les voilà, ces
biens qui ne m'ont jamais donné un moment
d'embarras. O chers instruments d'une vie simple et heureuse ! je n'aime que vous ; c'est avec
vous que je veux vivre et mourir. Pourquoi faut-
il que d'autres biens trompeurs soient venus me
tromper, et troubler le repos de ma vie ! Je vous
les rends, grand roi, toutes ces richesses qui me
viennent de votre libéralité. Je ne garde que ce
que j'avais quand le roi votre père vint par ses
grâces me rendre malheureux. » Le roi, enten-
dant ces paroles, comprit l'innocence d'Alibée,
et étant indigné contre les courtisans qui l'avaient
voulu perdre, il les chassa d'auprès de lui. Alibée devint son principal officier, et fut chargé des
affaires les plus secrètes ; mais il revoyait tous
les jours sa houlette, sa flûte et son ancien habit,

qu'il tenait toujours prêts dans son trésor, pour
les reprendre dès que la fortune inconstante
troublerait sa faveur. Il mourut dans une extrême
vieillesse, sans avoir jamais voulu ni faire punir
ses ennemis, ni amasser aucun bien, et ne lais-
sant à ses parents que de quoi vivre dans la condition des bergers, qu'il crut toujours la plus
sûre et la plus heureuse [4].

NOTES.

[1] *Chah-Abbas* (ou *Schah-Abbas*), surnommé le Grand, était
le septième roi de Perse de la dynastie de Sefy. Il en fut aussi
le plus illustre. Il mourut en 1629, après un règne glorieux de
quarante-cinq ans. On cite de ce prince des traits de la plus
grande justice et de la plus barbare férocité. A l'époque où il
occupait le trône de Perse, Henri IV en France s'efforçait de
faire oublier ses exploits par des vertus et des bienfaits qui lui
assuraient l'amour de son peuple et de la postérité; et Akbar
le Grand, dans les Indes, se rendait également célèbre par la
sagesse de son administration et la protection éclairée qu'il
accordait aux sciences et aux savants.—La *Perse* est une contrée de l'Asie, entre la mer Caspienne et le golfe Persique.

[2] *Sephi* succéda immédiatement à Scha-Abbas, quoiqu'il ne
fût que son petit-fils, et occupa le trône pendant quatorze ans.
Il surpassa en cruauté son aïeul, mais il fut loin d'avoir ses
grandes qualités.

[3] On ne pouvait pas donner une leçon plus directe, car elle
était adressée à un prince, héritier du trône, ni plus hardie,
car ce prince était le petit-fils de Louis XIV; mais elle était
donnée par Fénelon.

[4] Nous engageons nos jeunes lecteurs à lire la fable de La
Fontaine, intitulée : *le Berger et le Roi* (liv. x, f. 10), et à la
rapprocher de ce conte charmant. Ils verront comment deux
hommes de génie peuvent traiter le même sujet, quand l'un et
l'autre se proposent un but différent.

V

HISTOIRE DE ROSIMOND ET DE BRAMINTE.

Il était une fois un jeune homme plus beau que le jour, nommé Rosimond, et qui avait autant d'esprit et de vertu, que son frère aîné était mal fait, désagréable, brutal et méchant. Leur mère, qui avait horreur de son fils aîné, n'avait des yeux que pour voir son cadet. L'aîné, jaloux, inventa une calomnie horrible pour perdre son frère. Il dit à son père que Rosimond allait souvent chez un voisin qui était son ennemi, pour lui rapporter tout ce qui se passait au logis, et pour lui donner les moyens d'empoisonner son père. Le père, fort emporté, battit cruellement son fils, le mit tout en sang, puis le tint trois jours en prison sans nourriture, et enfin le chassa de sa maison, en le menaçant de le tuer s'il revenait jamais. La mère, épouvantée, n'osa rien dire : elle ne fit que gémir. L'enfant s'en alla pleurant, et ne sachant où se retirer : il traversa le soir un grand bois. La nuit le surprit au pied d'un rocher : il se mit à l'entrée d'une caverne sur un tapis de mousse, où coulait un clair ruisseau, et il s'y endormit de lassitude. Au point du jour, en s'éveillant, il vit une belle femme montée sur un cheval gris, avec une housse en broderie d'or, qui paraissait aller à la

chasse. « N'avez-vous point vu passer un cerf
et des chiens ? » lui dit-elle. Il répondit que non.
Puis elle lui dit : « Il me semble que vous êtes
affligé. Qu'avez-vous? lui dit-elle. Tenez, voilà
une bague qui vous rendra le plus heureux
et le plus puissant des hommes, pourvu que
vous n'en abusiez jamais. Quand vous tournerez
le diamant en dedans, vous serez d'abord invisible ; dès que vous le tournerez en dehors, vous
paraîtrez à découvert. Quand vous mettrez l'anneau à votre petit doigt, vous paraîtrez le fils
du roi, suivi de toute une cour magnifique ;
quand vous le mettrez au quatrième doigt,
vous paraîtrez dans votre figure naturelle. »
Aussitôt le jeune homme comprit que c'était
une Fée qui lui parlait. Après ces paroles, elle
s'enfonça dans les bois ; pour lui, il s'en retourna
aussitôt chez son père, avec impatience de faire
l'essai de sa bague. Il vit et entendit tout ce
qu'il voulut sans être découvert. Il ne tint qu'à
lui de se venger de son frère, sans s'exposer à
aucun danger. Il se montra seulement à sa
mère, l'embrassa, et lui dit toute sa merveilleuse aventure. Ensuite, mettant l'anneau enchanté à son petit doigt, il parut tout à coup
comme le prince, fils du roi, avec cent beaux
chevaux et un grand nombre d'officiers richement vêtus. Son père fut bien étonné de voir le fils
du roi dans sa petite maison ; il était embarrassé, ne sachant quels respects il devait lui
rendre. Alors Rosimond lui demanda combien
il avait de fils. « Deux répondit le père.—Je les
veux voir. Faites-les venir tout à l'heure, lui

dit Rosimond. Je les veux emmener tous deux
à la cour pour faire leur fortune. » Le père timide
répondit en hésitant : « Voilà l'aîné que je vous
présente. — Où est donc le cadet ? Je veux le
voir aussi, dit encore Rosimond. — Il n'est pas
ici, dit le père. Je l'avais châtié pour une faute,
et il m'a quitté. » Alors Rosimond lui dit : « Il
fallait l'instruire, mais non pas le chasser. Don-
nez-moi toujours l'aîné, qu'il me suive; et vous,
dit-il, parlant au père, suivez deux gardes,
qui vous conduiront au lieu que je leur mar-
querai. » Aussitôt deux gardes emmenèrent le
père; et la Fée, dont nous avons parlé, l'ayant
trouvé dans une forêt, elle le frappa d'une
verge d'or et le fit entrer dans une caverne sombre et profonde, où il demeura enchanté.
« Demeurez-y, dit-elle, jusqu'à ce que votre
fils vienne vous en tirer. » Cependant le fils alla
à la cour du roi, dans un temps où le jeune
prince s'était embarqué pour aller faire la guerre
dans une île éloignée ; il avait été emporté par
les vents sur des côtes inconnues, où, après un
naufrage, il était captif chez un peuple sauvage.
Rosimond parut à la cour comme s'il eût été le
prince qu'on croyait perdu. Il dit qu'il était revenu par le secours de quelques marchands,
sans lesquels il aurait péri : il fit la joie publique. Le roi lui parut si transporté, qu'il ne pouvait parler; et il ne se lassait point d'embrasser
son fils, qu'il avait cru mort. La reine fut encore
plus attendrie. On fit de grandes réjouissances
dans tout le royaume. Un jour, celui qui passait pour le prince, dit à son véritable frère :

« Braminte, vous voyez que je vous ai tiré de
votre village, pour faire votre fortune; mais je
sais que vous êtes un menteur, et que vous avez
par vos impostures causé le malheur de votre
frère Rosimond : il est ici caché. Je veux que
vous parliez à lui [1], et qu'il vous reproche vos
impostures. » Braminte, tremblant, se jeta à ses
pieds, et lui avoua sa faute. « N'importe, dit Rosimond, je veux vous parliez à votre frère, et
que vous lui demandiez pardon. Il sera bien généreux s'il vous pardonne : vous ne le méritez
pas. Il est dans mon cabinet, où je vous le ferai
voir tout à l'heure. Cependant je vais dans une
chambre voisine, pour vous laisser librement
avec lui. » Braminte entra, pour obéir, dans le
cabinet. Aussitôt Rosimond changea son anneau, passa dans cette chambre, et puis il entra
par une autre porte de derrière, avec sa figure
naturelle, dans le cabinet, où Bramite fut bien
honteux de le voir. Il lui demanda pardon, et lui
promit de réparer toutes ses fautes. Rosimond
l'embrassa en pleurant, lui pardonna, et lui dit :
« Je suis en pleine faveur auprès du prince. Il ne
tient qu'à moi de vous faire périr, ou de vous
tenir toute votre vie dans une prison; mais je
veux être aussi bon pour vous que vous avez
été méchant pour moi. » Braminte, honteux et
confondu, lui répondit avec soumission, n'osant
lever les yeux ni le nommer son frère. Ensuite
Rosimond fit semblant de faire un voyage en secret pour aller épouser une princesse d'un royaume voisin; mais, sous ce prétexte, il alla voir sa
mère, à laquelle il raconta tout ce qu'il avait

fait à la cour, et lui donna dans le besoin quelque petit secours d'argent; car le roi lui laissait prendre tout ce qu'il voulait; mais il n'en prenait jamais beaucoup. Cependant il s'éleva une furieuse guerre entre le roi et un autre roi voisin, qui était injuste et de mauvaise foi. Rosimond alla à la cour du roi ennemi, entra par le moyen de son anneau dans tous les conseils secrets de ce prince, demeurant toujours invible Il profita de tout ce qu'il apprit des mesures des ennemis. Il les prévint, et les déconcerta en tout : il commanda l'armée contre eux ; il les défit entièrement dans une grande bataille, et conclut bientôt avec eux une paix glorieuse, à des conditions équitables. Le roi ne songeait qu'à le marier avec une princesse héritière d'un royaume voisin, et plus belle que les Grâces [2] ; mais un jour, pendant que Rosimond était à la chasse dans la même forêt où il avait autrefois trouvé la Fée, elle se présenta à lui. « Gardez-vous bien, lui dit-elle d'une voix sévère, de vous marier, comme si vous étiez le prince. Il ne faut tromper personne : il est juste que le prince, pour qui l'on vous prend, revienne succéder à son père : allez le chercher dans une île, où les vents que j'enverrai enfler les voiles de votre vaisseau vous mèneront sans peine. Hâtez vous de rendre ce service à votre maître, contre ce qui pourrait flatter votre ambition, et songez à rentrer en homme de bien dans votre condition naturelle. Si vous ne le faites, vous serez injuste et malheureux ; je vous abandonnerai à vos anciens malheurs. » Rosimond profita

sans peine d'un si sage conseil. Sous prétexte
d'une négociation secrète dans un état voisin, il
s'embarqua sur un vaisseau, et les vents le menèrent d'abord dans l'île où la Fée lui avait dit
qu'était le vrai fils du roi. Ce prince était captif
chez un peuple sauvage, où on lui faisait garder
des troupeaux. Rosimond invisible l'alla enlever dans les pâturages où il conduisait son troupeau; et le couvrant de son propre manteau,
qui était invisible comme lui, il le délivra des
mains de ces peuples cruels : ils s'embarquè-
rent ensemble. D'autres vents, obéissant à la
Fée, les ramenèrent. Ils arrivèrent ensemble dans
la chambre du roi; Rosimond se présenta à lui,
et lui dit : « Vous m'avez cru votre fils : je ne le
suis pas; mais je vous le rends : tenez, le voilà
lui-même. » Le roi bien étonné s'adressa à son
fils, et lui dit : « N'est-ce pas vous, mon fils,
qui avez vaincu mes ennemis, et qui avez fait
glorieusement la paix? Ou bien est-il vrai que
vous avez fait un naufrage, que vous avez été
captif, et que Rosimond vous a délivré? — Oui,
mon père, répondit-il. C'est lui qui est venu
dans le pays où j'étais captif. Il m'a enlevé : je
lui dois la liberté, et le plaisir de vous revoir.
C'est à lui et non pas à moi, à qui[3] vous devez la
victoire. » Le roi ne pouvait croire ce qu'on lui
disait; mais Rosimond, changeant sa bague, se
montra au roi sous la figure du prince; et le roi
épouvanté vit à la fois deux hommes qui lui parurent tous deux ensemble son même fils. Alors
il offrit pour tant de services des sommes immenses à Rosimond, qui les refusa; il demanda

seulement au roi la grâce de conserver à son frère Braminte une charge qu'il avait à la cour. Pour lui, il craignit l'inconstance de la fortune, l'envie des hommes et sa propre fragilité. Il voulut se retirer dans son village avec sa mère, où il se mit à cultiver la terre. La Fée, qu'il revit encore dans les bois, lui montra la caverne où son père était, et lui dit les paroles qu'il fallait prononcer pour le déliver. Il prononça avec une très-sensible joie ces paroles. Il délivra son père, qu'il avait depuis longtemps impatience de délivrer; il lui donna de quoi passer doucement sa vieillesse. Rosimond fut ainsi le biénfaiteur de toute sa famille, et il eut le plaisir de faire du bien à tous ceux qui avaient voulu lui faire du mal. Après avoir fait les plus grandes choses pour la cour, il ne voulut d'elle que la liberté de vivre loin de sa corruption. Pour comble de sagesse, il craignit que son anneau ne le tentât de sortir de sa solitude, et ne le rengageât dans les grandes affaires. Il retourna dans le bois où la Fée lui avait apparu si favorablement : il allait tous les jours auprès de la caverne où il avait eu le bonheur de la voir autrefois ; et c'était dans l'espérance de l'y revoir. Enfin elle s'y présenta encore à lui, et il lui rendit l'anneau enchanté. « Je vous rends, lui dit-il, un don d'un si grand prix, mais si dangereux, et duquel il est si facile d'abuser. Je ne me croirai en sûreté que quand je n'aurai plus de quoi sortir de ma solitude avec tant de moyens de contenter toutes mes passions. »

Pendant que Rosimond rendait cette bague,

Braminte, dont le méchant naturel n'était point
corrigé, s'abandonna à toutes ses passions, et
voulut engager le jeune prince, qui était devenu
roi, à traiter indignement Rosimond. La Fée dit
à Rosimond : Votre frère, toujours imposteur, a
voulu vous rendre suspect au nouveau roi et vous
perdre; il mérite d'être puni, et il faut qu'il pé-
risse. Je m'en vais lui donner cette bague que vous
me rendez. » Rosimond pleura le malheur de son
frère ; puis il dit à la Fée : « Comment prétendez-
vous le punir par un si merveilleux présent? Il
en abusera pour persécuter tous les gens de bien,
et pour avoir une puissance sans bornes. — Les
mêmes choses , répondit la Fée , sont un remède
salutaire aux uns, et un poison mortel aux autres. La prospérité est la source de tous les maux
pour les méchants. Quand on veut punir un scé-
lérat, il n'y a qu'à le rendre bien puissant pour le
faire périr bientôt. » Elle alla ensuite au palais :
elle se montra à Braminte sous la figure d'une
vieille femme couverte de haillons, elle lui dit :
« J'ai retiré des mains de votre frère la bague
que je lui avais prêtée, et avec laquelle il s'était
acquis tant de gloire; recevez-la de moi, et pensez bien à l'usage que vous en ferez. » Braminte
répondit en riant : « Je ne ferai pas comme mon
frère, qui fut assez insensé pour aller chercher le
prince au lieu de régner en sa place. » Braminte,
avec cette bague, ne songea qu'à découvrir le
secret de toutes les familles, qu'à commettre des
trahisons, des meurtres et des infamies, qu'à
écouter les conseils du roi, qu'à enlever les richesses des particuliers. Ces crimes invisibles

étonnaient tout le monde. Le roi, voyant tant de
secrets découverts, ne savait à quoi attribuer cet
inconvénient; mais la prospérité sans bornes et
l'insolence de Braminte lui firent soupçonner
qu'il avait l'anneau enchanté de son frère. Pour
le découvrir, il se servit d'un étranger d'une nation ennemie, à qui il donna une grande somme.
Cet homme vint la nuit offrir à Braminte, de la
part du roi ennemi, des biens et des honneurs
immenses, s'il voulait lui faire savoir par des es-
pions tout ce qu'il pourrait apprendre des secrets
de son roi.

Braminte promit tout, alla même dans un lieu
où on lui donna une somme très-grande, pour
commencer sa récompense; il se vanta d'avoir
un anneau qui le rendait invisible. Le lendemain,
le roi l'envoya chercher et le fit d'abord saisir:
on lui ôta l'anneau, et on trouva sur lui plusieurs
papiers qui prouvaient ses crimes. Rosimond revint à la cour pour demander la grâce de son
frère, qui lui fut refusée. On fit mourir Braminte;
et l'anneau lui fut plus funeste qu'il n'avait été
utile à son frère.

Le roi, pour consoler Rosimond de la punition
de Braminte, lui rendit l'anneau comme un trésor
d'un prix infini. Rosimond affligé n'en jugea pas
de même: il retourna chercher la Fée dans le
bois: « Tenez, lui dit-il, votre anneau. L'expérience de mon frère m'a fait comprendre ce que
je n'avais pas bien compris d'abord, quand vous
me le dîtes. Gardez cet instrument fatal de la
perte de mon frère. Hélas! il serait encore vivant;
il n'aurait pas accablé de douleur et de honte la

vieillesse de mon père et de ma mère; il serait
peut-être sage et heureux s'il n'avait jamais eu
de quoi contenter ses désirs. O qu'il est dangereux de pouvoir plus que les autres hommes! *
Reprenez votre anneau. Malheur à ceux à qui
vous le donnerez! L'unique grâce que je vous
demande, c'est de ne le donner jamais à aucune
des personnes pour qui je m'intéresse.

NOTES.

1 *Je veux que vous parliez à lui* n'exprime pas la même
idée que s'il y avait *vous lui parliez. Lui parler*, signifie *lui
dire quelque chose*, *lui faire connaître quelque chose par le
moyen de la parole*; tandis que *parler à lui*, c'est *avoir un
entretien avec lui*, *adresser la parole à lui plutôt qu'à un
autre.* C'est dans ce sens et non par besoin de la rime que Corneille, dans *la Mort de Pompée*, fait dire par Cléopâtre à un
ministre du roi Ptolémée :

> Photin, je parle au roi; vous répondrez pour tous,
> Quand je m'abaisserai jusqu'à *parler à vous.*

2 Les Grâces étaient filles de Jupiter et d'Eurynome ou Eu-
nomie; selon d'autres, du Soleil et d'Églé, ou de Jupiter et
de Junon; enfin, et c'était l'opinion commune, on leur donnait
Bacchus pour père, et pour mère Vénus, déesse de la beauté,
dont elles étaient les compagnes inséparables. Elles étaient au
nombre de trois, et se nommaient Aglaé (ou Eglé), Thalie et
Euphrosine. Elles présidaient aux biens les plus précieux et à
tous les agréments de la vie. Elles dispensaient aux hommes
non-seulement la grâce, la gaieté, l'égalité des manières,
mais encore la libéralité, l'éloquence et la sagesse.

3 *C'est à lui et non pas à moi, à qui...* La régularité de la
syntaxe demanderait *que*, au lieu de *à qui*, pour servir de
liaison entre le verbe *vous devez*, et le régime indirect qui le

précède. Il faut croire néanmoins que cette locution était to-
lérée du temps de Fénelon, puisque le sévère Boileau lui-
même, qui a dit :

> Sans la langue, en un mot, l'auteur le plus divin
> Est toujours, quoi qu'il fasse, un méchant écrivain,

a commencé sa neuvième satire par ce vers :

> C'est *à vous*, mon esprit, *à qui* je veux parler.

Et que nous lisons dans *le Médecin malgré lui*, de Molière
(act. III, sc. 6) : « Puis-je croire que ce soit *à vous à qui* je doive
la pensée de cet heureux stratagème ? » Mais il faut avertir les
jeunes gens, qui pourraient s'appuyer sur de telles autorités,
qu'aujourd'hui cette construction est tout à fait vicieuse.

⁴ *O qu'il est dangereux de pouvoir plus que les autres
hommes!* Pour bien comprendre la force et la hardiesse de
cette réflexion, il faut se rappeler qu'elle était adressée à l'héritier du plus beau trône de l'Europe, et au successeur présumé
du souverain le plus absolu qui jusqu'alors se fût assis sur ce
trône.

4

VI

HISTOIRE DE FLORISE.

Une paysanne connaissait dans son voisinage une fée ; elle la pria de venir à une de ses couches, où elle eut une fille. La fée prit d'abord l'enfant entre ses bras, et dit à la mère : « Choisissez : elle sera, si vous voulez, belle comme le jour, d'un esprit encore plus charmant que sa beauté , et reine d'un grand royaume, mais malheureuse ; ou bien elle sera laide et paysanne comme vous, mais contente dans sa condition. » La paysanne choisit d'abord pour cet enfant la beauté et l'esprit avec une couronne, au hasard de quelque malheur. Voilà la petite fille dont la beauté commence déjà à effacer toutes celles qu'on avait jamais vues. Son esprit était doux, poli, insinuant : elle apprenait tout ce qu'on voulait lui apprendre, et le savait bientôt mieux que ceux qui le lui avaient appris. Elle dansait sur l'herbe les jours de fête avec plus de grâces que toutes ses compagnes. Sa voix était plus touchante qu'aucun instrument de musique, et elle faisait elle-même les chansons qu'elle chantait. D'abord elle ne savait point qu'elle était belle ; mais en jouant avec ses compagnes sur le bord d'une claire fontaine, elle se vit, elle remarqua combien elle était différente des autres, elle s'admira. Tout le pays, qui accourait en foule pour la voir, lui fit encore plus connaître ses charmes. Sa mère, qui comptait sur les prédictions de la fée, la regardait déjà comme une reine, et la gâtait par ses complaisances. La jeune fille ne voulait ni filer, ni coudre, ni garder les moutons; elle s'amusait à cueillir des fleurs, à en parer sa tête, à chanter, et à danser à l'ombre des bois. Le roi de ce pays-là était fort puissant, et il n'avait qu'un fils nommé Rosimond, qu'il voulait marier. Il ne put jamais se résoudre à entendre parler d'aucune princesse des États voisins, parce qu'une fée lui avait assuré qu'il trouverait une paysanne plus belle et plus parfaite que toutes les princesses du monde. Il prit la résolution de faire assembler toutes les jeunes villageoises de son royaume au-dessous de dix-huit ans, pour choisir celle qui serait la plus digne d'être choisie. On exclut d'abord une quantité innombrable de filles qui n'avaient qu'une médiocre beauté, et on en sépara trente qui surpassaient infiniment toutes les autres : Florise (c'est le nom de notre jeune fille) n'eut pas de peine à être mise dans ce nombre. On rangea ces trente filles au milieu d'une grande salle, dans une espèce d'amphithéâtre, où le roi et son fils les pouvaient regarder toutes à la fois. Florise parut d'abord, au milieu de toutes les autres, ce qu'une belle anémone paraîtrait parmi des soucis, ou ce qu'un oranger fleuri paraîtrait au milieu des buissons sauvages : le roi s'écria qu'elle méritait sa couronne. Rosimond se crut heureux de posséder Florise. On lui ôta ses habits de village; on lui en donna qui étaient tout

brodés d'ör. En un instant, elle se vit couverte
de perles et de diamants. Un grand nombre de
dames étaient occupées à la servir; on ne songeait qu'à deviner ce qui pouvait lui plaire, pour
le lui donner avant qu'elle eût la peine de le demander. Elle était logée dans un magnifique
appartement du palais, qui n'avait, au lieu de
tapisseries, que de grandes glaces de miroir de
toute la hauteur des chambres et des cabinets,
afin qu'elle eût le plaisir de voir sa beauté mul-
tipliée de tous côtés, et que le prince pût l'admirer en quelque endroit qu'il jetât les yeux. Rosimond avait quitté la chasse, le jeu, tous les
exercices du corps, pour être sans cesse auprès
d'elle; et comme le roi son père était mort bientôt après le mariage, c'était la sage Florise, devenue reine, dont les conseils décidaient de toutes
les affaires de l'État. La reine, mère du nouveau
roi, nommée Gronipote, fut jalouse de sa belle-
fille. Elle était artificieuse, maligne et cruelle;
la vieillesse avait ajouté une affreuse difformité
à sa laideur naturelle, et elle ressemblait à une
furie. La beauté de Florise la faisait paraître encore plus hideuse, et l'irritait à tout moment : elle
ne pouvait souffrir qu'une si belle personne la
défigurât; elle craignait aussi son esprit, et elle
s'abandonna à toutes les fureurs de l'envie.
« Vous n'avez point de cœur, disait-elle souvent
à son fils, d'avoir voulu épouser cette petite paysanne, et vous avez la bassesse d'en faire votre
idole : elle est fière comme si elle était née dans
la place où elle est. Quand le roi votre père voulut se marier, il me préféra à toute autre, parce

que j'étais la fille d'un roi égal à lui. C'est ainsi que vous deviez faire. Renvoyez cette petite bergère dans son village, et songez à quelque jeune princesse dont la naissance vous convienne. » Rosimond résistait à sa mère ; mais Gronipote enleva un jour un billet que Florise écrivait au roi, et le donna à un jeune homme de la cour, qu'elle obligea d'aller porter ce billet au roi, comme si Florise lui avait témoigné toute l'amitié qu'elle ne devait avoir que pour le roi seul. Rosimond, aveuglé par sa jalousie et par les conseils malins que lui donna sa mère, fit enfermer Florise pour toute sa vie dans une haute tour bâtie sur la pointe d'un rocher qui s'élevait dans la mer : là, elle pleurait nuit et jour, ne sachant par quelle injustice le roi, qui l'avait tant aimée, la traitait si indignement. Il ne lui était permis de voir qu'une vieille femme, à qui Gronipote l'avait confiée, et qui lui insultait à tout moment dans cette prison. Alors Florise se ressouvint de son village, de sa cabane et de tous ses plaisirs champêtres. Un jour, pendant qu'elle était accablée de douleur, et qu'elle déplorait l'aveuglement de sa mère qui avait mieux aimé qu'elle fût belle et reine malheureuse, que bergère laide et contente dans son état, la vieille qui la traitait si mal vint lui dire que le roi envoyait un bourreau pour lui couper la tête, et qu'elle n'avait plus qu'à se résoudre à la mort. Florise répondit qu'elle était prête à recevoir le coup. En effet, le bourreau envoyé par les ordres du roi, sur les conseils de Gronipote, tenait un grand coutelas pour l'exécution, quand il parut une

femme qui dit qu'elle venait dire deux mots en
secret à Florise avant sa mort. La vieille la laissa
parler à elle[1], parce que cette personne lui parut
une des dames du palais ; mais c'était la fée qui
avait prédit les malheurs de Florise à sa naissance, et qui avait pris la figure de cette dame
de la reine-mère. Elle parla à Florise en particu-
lier, en faisant retirer tout le monde. « Voulez-
vous, lui dit-elle, renoncer à la beauté qui vous
a été si funeste ? Voulez-vous quitter le titre de
reine, reprendre vos anciens habits, et retourner
dans votre village ? » Florise fut ravie d'accepter
cette offre. La fée lui appliqua sur le visage un
masque enchanté : aussitôt les traits de tout son
visage devinrent grossiers, et perdirent toute leur
proportion ; elle devint aussi laide qu'elle avait
été belle et agréable. En cet état, elle n'était
plus reconnaissable, et elle passa sans peine au
travers de tous ceux qui étaient venus là pour
être témoins de son supplice : elle suivit la fée,
et repassa avec elle dans son pays. On eut beau
chercher Florise, on ne la put trouver en aucun
endroit de la tour. On alla en porter la nouvelle
au roi et à Gronipote, qui la firent encore chercher inutilement par tout le royaume. La fée
l'avait rendue à sa mère, qui ne l'eût pas connue
dans un si grand changement, si elle n'en eût
été avertie. Florise fut contente de vivre laide,
pauvre et inconnue, dans son village, où elle
gardait les moutons. Elle entendait tous les jours
raconter ses aventures et déplorer ses malheurs.
On en avait fait des chansons qui faisaient pleurer tout le monde : elle prenait plaisir à les

chanter souvent avec ses compagnes, et elle en pleurait comme les autres; mais elle se croyait heureuse en gardant son troupeau, et ne voulut jamais découvrir à personne qui elle était.

———

NOTE.

1 Voy. V, note 1.

———

VII

HISTOIRE DU ROI ALFAROUTE ET DE CLARIPHILE.

Il y avait un roi nommé Alfaroute, qui était craint de tous ses voisins et aimé de tous ses sujets. Il était sage, bon, juste, vaillant, habile : rien ne lui manquait. Une fée vint le trouver, et lui dire qu'il lui arriverait bientôt de grands malheurs, s'il ne se servait pas de la bague qu'elle lui mit au doigt. Quand il tournait le diamant de la bague en dedans de sa main, il devenait d'abord invisible ; et dès qu'il le retournait en dehors, il était visible comme auparavant. Cette bague lui fut très-commode, et lui fit grand plaisir. Quand il se défiait de quelqu'un de ses sujets, il allait dans le cabinet de cet homme avec son diamant tourné en dedans : il entendait et voyait tous les secrets domestiques sans être aperçu. S'il craignait les desseins de quelque roi voisin de son royaume, il s'en allait jusque dans ses conseils les plus secrets, où il apprenait tout, sans être jamais découvert. Ainsi il prévenait sans peine tout ce qu'on pouvait faire contre lui : il détourna plusieurs conjurations formées contre sa personne, et déconcerta ses ennemis qui voulaient l'accabler. Il ne fut pourtant pas content de sa bague, et il demanda à la fée un moyen de se transporter en un moment d'un pays dans un autre, pour pouvoir faire un usage plus prompt et plus commode de l'anneau qui le rendait invisible. La fée lui répondit en soupirant : « Vous en demandez trop. Craignez que ce dernier don ne vous soit nuisible. » Il n'écouta rien, et la pressa toujours de le lui accorder. « Eh bien ! dit-elle, il faut donc malgré moi vous donner ce que vous vous repentirez d'avoir. » Alors elle lui frotta les épaules d'une liqueur odoriférante. Aussitôt il sentit deux petites ailes qui naissaient sur son dos. Ces petites ailes ne paraissaient point sous ses habits ; mais quand il avait résolu de voler, il n'avait qu'à les toucher avec la main : aussitôt elles devenaient si longues, qu'il était en état de surpasser infiniment le vol rapide d'un aigle. Dès qu'il ne voulait plus voler, il n'avait qu'à retoucher ses ailes ; d'abord elles se rapetissaient, en sorte qu'on ne pouvait les apercevoir sous ses habits. Par ce moyen, le roi allait partout en peu de moments ; il savait tout, et l'on ne pouvait concevoir par où il devinait tant de choses : car il se renfermait, et paraissait demeurer presque toute la journée dans son cabinet, sans que personne osât y entrer. Dès qu'il y était, il se rendait invisible par sa bague, étendait ses ailes en les touchant, et parcourait des pays immenses. Par là, il s'engagea dans de grandes guerres, où il remporta toutes les victoires qu'il voulut. Mais comme il voyait sans cesse les secrets des hommes, il les connut si méchants et si dissimulés, qu'il n'osait plus se fier à personne. Plus il devenait puissant et redoutable, moins il était aimé, et il voyait qu'il n'était aimé d'aucun de ceux même à qui il avait fait de plus grands biens. Pour se con-

soler, il résolut d'aller dans tous les pays du
monde pour chercher une femme parfaite, qu'il
pût épouser, dont il pût être aimé, et par laquelle
il pût se rendre heureux. Il la chercha longtemps,
et comme il voyait tout sans être vu, il connaissait les secrets les plus impénétrables. Il alla dans
toutes les cours ; il trouva partout des femmes
dissimulées, qui voulaient être aimées, et qui
s'aimaient trop elles-mêmes pour aimer de bonne
foi un mari. Il passa dans toutes les maisons par-
ticulières : l'une avait l'esprit léger et inconstant ;
l'autre était artificieuse, l'autre hautaine, l'autre
bizarre; presque toutes fausses, vaines et idolâ-
tres de leurs personnes. Il descendit jusqu'aux
plus basses conditions, et il trouva enfin la fille
d'un pauvre laboureur, belle comme le jour, mais
simple et ingénue dans sa beauté, qu'elle comptait pour rien, et qui était en effet sa moindre
qualité : car elle avait un esprit et une vertu qui
surpassaient toutes les grâces de sa personne.
Toute la jeunesse de son voisinage s'empressait
pour la voir, et chaque jeune homme eût cru assurer le bonheur de sa vie en l'épousant. Le roi
Alfaroute ne put la voir sans en être passionné;
il la demanda à son père, qui fut transporté de
joie de voir que sa fille serait une grande reine.
Clariphile (c'était son nom) passa de la cabane
de son père dans un riche palais, où une cour
nombreuse la reçut. Elle n'en fut point éblouie;
elle conserva sa simplicité, sa modestie, sa vertu,
et elle n'oublia point d'où elle était venue, lorsqu'elle fut au comble des honneurs. Le roi re-
doubla sa tendresse pour elle et crut enfin qu'il

parviendrait à être heureux. Peu s'en fallait qu'il
ne le fût déjà, tant il commençait à se fier au
bon cœur de la reine. Il se rendait à toute heure
invisible, pour l'observer et pour la surprendre;
mais il ne découvrait rien en elle qu'il ne trouvât
digne d'être admiré. Il n'y avait plus qu'un reste
de jalousie et de défiance qui le troublait encore
un peu dans son amitié. La fée, qui lui avait
prédit les suites funestes de son dernier don,
l'avertissait souvent, et il en fut importuné. Il
donna ordre qu'on ne la laissât plus entrer dans
le palais, et dit à la reine qu'il lui défendait de
la recevoir. La reine promit avec beaucoup de
peine d'obéir, parce qu'elle aimait fort cette bonne
fée. Un jour la fée, voulant instruire la reine sur
l'avenir, entra chez elle sous la figure d'un officier, et déclara à la reine qui elle était; aussitôt
la reine l'embrassa tendrement. Le roi, qui était
alors invisible, l'aperçut, et fut transporté de
jalousie jusqu'à la fureur; il tira son épée et en
perça la reine, qui tomba mourante entre ses
bras. Dans ce moment la fée reprit sa véritable
figure. Le roi la reconnut, et comprit l'innocence
de la reine. Alors il voulut se tuer. La fée arrêta
le coup, et tâcha de le consoler. La reine en expirant lui dit : « Quoique je meure de votre main,
je meurs toute à vous. » Alfaroute déplora son
malheur d'avoir voulu, malgré la fée, un don qui
lui était si funeste; il lui rendit la bague, et la
pria de lui ôter ses ailes. Le reste de ses jours
se passa dans l'amertume et dans la douleur. Il
n'avait point d'autre consolation que d'aller
pleurer sur le tombeau de Clariphile.

VIII

HISTOIRE D'UNE VIEILLE REINE ET D'UNE JEUNE
PAYSANNE.

Il était une fois une reine si vieille, si vieille, qu'elle n'avait plus ni dents ni cheveux ; sa tête branlait comme les feuilles que le vent remue ; elle ne voyait plus, même avec ses lunettes ; le bout de son nez et celui de son menton se touchaient. Elle était rapetisée de la moitié, et toute en un peloton, avec le dos si courbé, qu'on au rait cru qu'elle avait toujours été contrefaite. Une fée, qui avait assisté à sa naissance, l'aborda, et lui dit : « Voulez-vous rajeunir ? — Volontiers, répondit la reine. Je donnerais tous mes joyaux pour n'avoir que vingt ans. — Il faut donc, continua la fée, donner votre vieillesse à quelque autre, dont vous prendrez la jeunesse et la santé. A qui donnerez-vous vos ans ? » La reine fit chercher partout quelqu'un qui voulût être vieux pour la rajeunir. Il vint beaucoup de gueux qui voulaient vieillir pour devenir riches ; mais quand ils avaient vu la reine tousser, cracher, râler, vivre de bouillie, être sale, hideuse, puante, souffrante, et radoter un peu, ils ne voulaient plus se charger de ses années ; ils aimaient mieux mendier et porter des haillons. Il venait aussi des ambitieux, à qui elle promettait de grands rangs et de grands honneurs. « Mais que faire de ces rangs ? disaient-ils après l'avoir vue. Nous n'ose-

rions nous montrer étant si dégoûtants et si hor-
ribles. » Enfin, il se présenta une jeune fille de
village, belle comme le jour, qui demanda la
couronne pour prix de sa jeunesse : elle se nommait Péronnelle. La reine s'en fâcha d'abord;
mais que faire ? à quoi sert-il de se fâcher ? Elle
voulait rajeunir. « Partageons, dit-elle à Péronnelle, mon royaume : vous en aurez une moitié,
et moi l'autre. C'est bien assez pour vous, qui
êtes une petite paysanne. — Non, répondit la
fille, ce n'est pas assez pour moi ; je veux tout.
Laissez-moi mon bavolet [1] avec mon teint fleuri.
je vous laisserai vos cent ans avec vos rides, et
la mort qui vous talonne.—Mais aussi, répondit
la reine, que ferais-je si je n'avais plus de
royaume ? — Vous ririez, vous danseriez, vous
chanteriez comme moi, » lui dit cette fille.
En parlant ainsi, elle se mit à rire, à danser et à
chanter. La reine, qui était bien loin d'en faire
autant, lui dit : « Que feriez-vous en ma place ?
Vous n'êtes point accoutumée à la vieillesse. —
Je ne sais pas, dit la paysanne, ce que je ferais;
mais je voudrais bien l'essayer, car j'ai toujours
ouï dire qu'il est beau d'être reine. » Pendant
qu'elles étaient en marché, la fée survint, qui dit
à la paysanne : « Voulez-vous faire votre appren-
tissage de vieille reine, pour savoir si ce métier
vous accommodera ? — Pourquoi non ? » dit la
fille. A l'instant, les rides couvrent son front, ses
cheveux blanchissent; elle devient grondeuse et
rechignée : sa tête branle, et toutes ses dents
aussi; elle a déjà cent ans. La fée ouvre une petite boîte, et en tire une foule d'officiers et de

5

courtisans richement vêtus, qui croissent à mesure qu'ils en sortent, et qui rendent mille respects à la nouvelle reine. On lui sert un grand
festin; mais elle est dégoûtée, et ne saurait mâ-
cher; elle est honteuse et étonnée; elle ne sait
que dire ni que faire; elle tousse à crever; elle
crache sur son menton; elle a au nez une roupie
gluante qu'elle essuie avec sa manche; elle se
regarde au miroir, et elle se trouve plus laide
qu'une guenuche [2]. Cependant la véritable reine
était dans un coin, qui riait, et qui commençait
à devenir jolie: ses cheveux revenaient, et ses
dents aussi; elle reprenait un bon teint, frais et
vermeil; elle se redressait avec mille petites façons; mais elle était crasseuse, court vêtue, et
faite comme un petit torchon qui a traîné dans
les cendres. Elle n'était pas accoutumée à cet
équipage, et les gardes, la prenant pour quelque
servante de cuisine, voulaient la chasser du palais. Alors Péronnelle lui dit : « Vous voilà bien
embarrassée de n'être plus reine; et moi encore
davantage de l'être : tenez voilà votre couronne,
rendez-moi ma cotte grise. » L'échange fut aussitôt fait, et la reine de revieillir, et la paysanne
de rajeunir. A peine le changement fut fait, que
toutes deux s'en repentirent; mais il n'était plus
temps. La fée les condamna à demeurer chacune
dans sa condition. La reine pleurait tous les jours,
dès qu'elle avait mal au bout du doigt; elle disait: « Hélas ! si j'étais Péronnelle, à l'heure que
je parle, je serais logée dans une chaumière, et
je vivrais de châtaignes; mais je danserais sous
l'orme avec les bergers au son de la flûte. Que

me sert d'avoir un beau lit où je ne fais que souffrir, et tant de gens qui ne peuvent me soulager? » Ce chagrin augmenta ses maux : les médecins, qui étaient sans cesse douze autour d'elle, les augmentèrent aussi. Enfin, elle mourut au bout de deux mois. Péronnelle faisait une danse ronde le long d'un clair ruisseau avec ses compagnes quand elle apprit la mort de la reine : alors elle reconnut qu'elle avait été plus heureuse que sage d'avoir perdu la royauté. La fée revint la voir, et lui donna à choisir de trois maris, l'un vieux, chagrin, désagréable, jaloux et cruel, mais riche, puissant et très-grand seigneur, qui ne pourrait, ni jour ni nuit, se passer de l'avoir auprès de lui ; l'autre bien fait, doux, commode, aimable, et d'une grande naissance, mais pauvre et malheureux en tout ; le dernier, paysan comme elle, qui ne serait ni beau ni laid, qui ne l'aimerait ni trop ni trop peu, qui ne serait ni riche ni pauvre. Elle ne savait lequel prendre, car naturellement elle aimait fort les beaux habits, les équipages et les grands honneurs ; mais la fée lui dit : « Allez, vous êtes une sotte. Voyez-vous ce paysan ? voilà le mari qu'il vous faut. Vous aimeriez trop le second ; vous seriez trop aimée du premier ; tous deux vous rendraient malheureuse : c'est bien assez que le troisième ne vous batte point. Il vaut mieux danser sur l'herbe ou sur la fougère que dans un palais, et être Péronnelle dans le village qu'une dame malheureuse dans le beau monde. Pourvu que vous n'ayez aucun regret aux grandeurs, vous serez heureuse avec votre laboureur toute votre vie. »

NOTES.

¹ *Bavolet*, sorte de coiffure villageoise. Ce mot est formé de *bas-volet*, et *volet* se disait pour *voilet*, diminutif de *voile*. Quelques éditions portent : *Laissez-moi ma condition de paysanne.*

² *Guenuche*, petite guenon, femelle du singe. — Nous avons vu plus haut la reine *tousser*, *cracher*, *râler*, *vivre de bouillie*, *être sale*, *hideuse*, *puante*, *souffrante*, et *radoter un peu :* Fénelon renchérit ici sur ce tableau par de nouveaux traits et des images repoussantes. Nous n'y reconnaissons plus ce goût pur et délicat, ce sentiment exquis des convenances qui distinguent si particulièrement l'auteur de Télémaque. La vérité philosophique, qu'il veut démontrer par sa fable, n'avait pas besoin de ce portrait exagéré des inévitables effets de l'âge; et il ne peut jamais être utile d'exposer au ridicule, au mépris et au dégoût, la vieillesse, que nous devons entourer de nos respects sous quelques traits qu'elle se présente.

IX

LE DÉPART DE LYCON.

Quand la Renommée [1], par le son éclatant de sa trompette, eut annoncé aux divinités rustiques et aux bergers du Cynthe [2] le départ de Lycon, tous ces bois si sombres retentirent de plaintes amères; Écho [3] les répétait tristement à tous les vallons d'alentour. On n'entendait plus le doux son de la flûte, ni celui du hautbois. Les bergers même, dans leur douleur, brisaient leurs chalumeaux : tout languissait; la tendre verdure des arbres commençait à s'effacer. Le ciel, jusqu'alors si serein, se chargeait de noires tempêtes; les cruels aquilons [4] faisaient déjà frémir les bocages comme en hiver. Les divinités même les plus champêtres ne furent pas insensibles à cette perte. Les Dryades [5] sortirent des troncs creux des vieux chênes pour regretter Lycon. Il se fit une assemblée de ces tristes divinités antour d'un grand arbre, qui élevait ses branches vers les cieux, et qui couvrait de son ombre épaisse la terre, sa mère, depuis plusieurs siècles. Autour de ce vieux tronc noueux, et d'une grosseur prodigieuse, les nymphes de ces bois, accoutumées à faire leurs danses et leurs jeux folâtres, vinrent raconter leur malheur. « Hélas ! c'en est fait, disaient-elles, nous ne reverrons

plus Lycon; il nous quitte : la Fortune ennemie
nous l'enlève : il va être l'ornement et les délices
d'un autre bocage, plus heureux que le nôtre.
Non, il n'est plus permis d'espérer d'entendre sa
voix, ni de le voir tirant de l'arc et perçant de
ses flèches les rapides oiseaux. » Pan [6] lui-même
accourut, ayant oublié sa flûte; les Faunes et
les Satires [7] suspendirent leurs danses; les oiseaux même ne chantaient plus. On n'entendait
que les cris affreux des hiboux et des autres oiseaux de mauvais présage; Philomèle [8] et ses
compagnes gardaient un morne silence. Alors
Flore et Pomone [9] parurent tout à coup d'un air
riant au milieu du bocage, se tenant par la main :
l'une était couronnée de fleurs, et en faisait naître sous ses pas, empreints sur le gazon; l'autre portait dans une corne d'abondance tous
les fruits que l'automne répand sur la terre pour
payer l'homme de ses peines. « Consolez-vous,
dirent-elles à cette assemblée de dieux conster-
nés. Lycon part, il est vrai, mais il n'abandonne
pas cette montagne consacrée à Apollon [10]. Bientôt vous le verrez ici cultivant lui-même nos jardins fortunés. Sa main y plantera les verts ar-
bustes, les plantes qui nourrissent l'homme, et
les fleurs qui font ses délices. O Aquilons! gardez-vous de flétrir jamais par vos souffles empestés ces jardins, où Lycon prendra des plaisirs innocents; il préférera la simple nature au
faste et aux divertissements désordonnés; il ai-
mera ces lieux; il les abandonne à regret. » A
ces mots, la tristesse se change en joie : on chante
les louanges de Lycon; on dit qu'il sera ama-

teur des jardins, comme Apollon a été berger
conduisant les troupeaux d'Admète; mille chansons divines remplissent le bocage, et le nom de
Lycon passe de l'antique forêt jusqu'aux campagnes les plus reculées. Les bergers le répètent
sur leurs chalumeaux; les oiseaux même, dans
leurs doux ramages, font entendre je ne sais
quoi qui ressemble au nom de Lycon. La terre se
pare de fleurs et s'enrichit de fruits. Les jardins,
qui attendent son retour, lui préparent les grâces
du printemps et les magnifiques dons de l'automne. Les seuls regards de Lycon, qu'il jétte
encore de loin sur cette agréable montagne, la
fertilisent. Là, après avoir arraché les plantes
sauvages et stériles, il cueillera l'olive et le
myrte, en attendent que Mars [11] lui fasse cueillir
ailleurs des lauriers.

NOTES.

[1] La *Renommée*, divinité poétique, messagère de Jupiter.
On la représente sous la figure d'une belle femme qui vole en
sonnant de la trompette, ou sous celle d'un monstre ailé,
ayant autant d'yeux, d'oreilles, de bouches et de langues que
de plumes sur tout le corps. Voici la définition complète et poétique qu'en donne J.-B. Rousseau :

> Quelle est cette déesse énorme,
> Ou plutôt ce monstre difforme
> Tout couvert d'oreilles et d'yeux,
> Dont la voix ressemble au tonnerre,
> Et qui des pieds touchant la terre,
> Cache sa tête dans les cieux?
>
> C'est l'inconstante Renommée,
> Qui, sans cesse les yeux ouverts,

Fait sa revue accoutumée
Dans tous les coins de l'univers,
Toujours vaine , toujours errante ,
Et messagère indifférente
Des vérités et de l'erreur ,
Sa voix, en merveilles féconde ,
Va chez tous les peuples du monde
Semer le bruit et la terreur.

² Le *Cynthe*, montagne de l'île de Délos. Apollon y était né et est souvent désigné chez les poëtes par le nom de *Cynthius*.

³ *Écho* était une nymphe, fille de l'Air et de la Terre, qui faisait sa résidence sur les bords du Céphise. Ayant excité la colère de Junon, elle fut privée de la parole et condamnée à ne plus répéter que la dernière syllabe de ceux qui l'interrogeaient. N'ayant pu se faire aimer du beau Narcisse, qui n'était épris que de lui-même, elle se laissa consumer de douleur et fut changée en un rocher, auquel il ne resta plus que la voix.

Écho n'est plus un son qui dans l'air retentisse ;
C'est une nymphe en pleurs qui se plaint de Narcisse.
(BOILEAU, *Art poét.*, ch. III,)

⁴ *Aquilon*, vent du nord, fils d'Éole et de l'Aurore, ainsi appelé de *aquila*, aigle, à cause de sa rapidité. Les poëtes nomment *aquilons* tous les vents froids et orageux.

⁵ *Dryades*, nymphes des bois, ainsi nommées du mot grec *drus* qui veut dire *chêne*.

⁶ Voy. II, note 6.

⁷ Voy. II, note 7.

⁸ *Philomèle*, fille de Pandion, roi d'Athènes, et sœur de Progné qui avait épousé Térée, roi de Thrace, fut victime de la passion et de la cruauté de son beau-frère. Ce prince barbare lui coupa la langue et la renferma. Mais la vengeance surpassa le crime. Philomèle, habile dans l'art de la broderie, ayant fait parvenir secrètement à sa sœur une tapisserie où ses malheurs étaient retracés, elle fut bientôt délivrée. Les deux princesses égorgèrent Itys, fils de Térée, et lui en servirent les membres dans un festin qu'on lui donnait à l'occasion de sa fête. Comme elles s'enfuyaient pour se soustraire aux transports furieux du prince, Philomèle fut changée en rossignol, Progné en hirondelle, Térée, qui les poursuivait, en huppe, et Itys lui-même en chardonneret. A la nouvelle de ces horreurs Pandion mourut de chagrin.

⁹ Voy. I, note 9.

¹⁰ Voy. I, note 9.

¹¹ Mars, dieu de la guerre, fils de Jupiter et de Junon.

X

LE NOURRISSON DES MUSES FAVORISÉ DU SOLEIL.

Le Soleil [1], ayant laissé le vaste tour du ciel en paix, avait fini sa course et plongé ses chevaux fougueux dans le sein des ondes de l'Hespérie [2]. Le bord de l'horizon était encore rouge comme la pourpre, et enflammé des rayons ardents qu'il y avait répandus sur son passage. La brûlante canicule [3] desséchait la terre ; toutes les plantes altérées languissaient ; les fleurs ternies penchaient leurs têtes, et leurs tiges malades ne pouvaient plus les soutenir : les Zéphyrs [4] même retenaient leurs douces haleines. L'air que les animaux respiraient était semblable à de l'eau tiède ; la nuit, qui répand avec ses ombres une douce fraîcheur, ne pouvait tempérer la chaleur dévorante que le jour avait causée : elle ne pouvait verser sur les hommes abattus et défaillants ni la rosée qu'elle fait distiller quand Vesper [5] brille à la queue des autres étoiles, ni cette moisson de pavots qui font sentir les charmes du sommeil à toute la nature fatiguée. Le Soleil seul, dans le sein de Téthys [6], jouissait d'un profond repos : mais ensuite, quand il fut obligé de remonter sur son char attelé par les Heures [7], et devancé par l'Aurore [8] qui sème son chemin de roses, il aperçut tout l'Olympe [9] couvert de

5.

nuages ; il vit les restes d'une tempête qui avait effrayé les mortels pendant toute la nuit. Les nuages étaient encore empestés de l'odeur des vapeurs soufrées qui avaient allumé les éclairs et fait gronder le menaçant tonnerre; les Vents [10] séditieux, ayant rompu leurs chaînes et forcé leurs cachots profonds, mugissaient encore dans les vastes plaines de l'air. Des torrents tombaient des montagnes dans tout le vallon. Celui dont l'œil plein de rayons anime toute la nature voyait de toutes parts en se levant le reste d'un cruel orage; mais (ce qui l'émut davantage) il vit un jeune nourrisson des Muses [11], qui lui était fort cher, à qui la tempête avait dérobé le Sommeil [12] lorsqu'il commençait déjà à étendre ses sombres ailes sur ses paupières. Il fut sur le point de ramener ses chevaux en arrière, et de retarder le jour pour rendre le repos à celui qui l'avait perdu. « Je veux, dit-il, qu'il dorme. Le sommeil rafraîchira son sang, apaisera sa bile, lui donnera la santé et la force dont il aura besoin pour imiter les travaux d'Hercule [13], lui inspirera je ne sais quelle douceur tendre qui pourrait seule lui manquer. Pourvu qu'il dorme, qu'il rie, qu'il adoucisse son tempérament, qu'il aime les jeux de la société, qu'il prenne plaisir à aimer tous les hommes et à se faire aimer d'eux, toutes les grâces de l'esprit et du corps viendront en foule pour l'orner. »

NOTES.

[1] Le Soleil, adoré comme une divinité par tous les peuples anciens, était représenté chez les Grecs sous les traits d'un jeune homme à blonde chevelure, couronné de rayons, et parcourant le zodiaque sur un char tiré par quatre chevaux blancs. On lui mettait souvent un fouet à la main pour exprimer la rapidité de sa course. Il porte indifféremment les noms de *Phœbus* et d'*Apollon*; cependant le premier le désigne plus particulièrement comme le dieu du jour.

[2] *Hespérie*, c'est-à-dire *couchant, occident*. Les Grecs donnaient ce nom à l'Italie, et les Latins à l'Espagne, parce que ces deux contrées se trouvaient à leur égard placées au couchant.

[3] *Canicule*, constellation appelée aussi le *Grand-Chien*, qui se lève et se couche avec le soleil du 24 juillet au 23 août. C'est l'époque des plus grandes chaleurs de l'été. Les anciens, qui en nommaient la principale étoile *Sirius*, en redoutaient tellement l'influence, qu'ils lui offraient des sacrifices pour en détourner les malins effets.

[4] *Zéphyrs*, vents doux et agréables, qui pour les anciens soufflaient de l'occident, et venaient tempérer la chaleur de leur climat. Le Zéphyr ou Zéphire était représenté sous la figure d'un jeune homme d'un air doux et serein, avec des ailes de papillon, et une couronne composée de toutes sortes de fleurs, pour désigner son influence bienfaisante sur la nature.

[5] *Vesper*, mot qui signifie *couchant*. C'est le nom que les anciens donnaient à l'étoile de Vénus lorsqu'elle paraissait après le coucher du soleil; lorsqu'elle paraissait le matin, ils la nommaient *Lucifer*.

[6] *Téthys*, ou la mer, fille d'Uranus (ou le ciel) et de la Terre, était l'épouse de l'*Océan*. Il ne faut pas la confondre avec Thétis, épouse de Pélée et mère d'Achille, qui n'était que sa petite fille.

[7] Les *Heures*, filles de Jupiter et de Thémis, étaient chargées d'atteler le char du Soleil, et d'ouvrir et de fermer les portes du jour. On les adorait comme des divinités, et on les représentait avec des ailes de papillon, accompagnées de Thémis, et soutenant des cadrans et des horloges. Une étoile au-dessus du front désigne particulièrement l'heure du matin ou celle du soir.

8 *L'Aurore*, fille de Titan et de la Terre, était l'avant-courrière du Soleil, auquel elle devait ouvrir les portes de l'orient. Les anciens et les poëtes attribuent la rosée du matin aux pleurs qu'elle ne cesse de répandre sur la mort des deux fils nés de son mariage avec Tithon. On la représente couverte d'un voile, assise dans un char vermeil attelé de quatre chevaux blancs, chassant devant elle le Sommeil et la Nuit, et faisant croître les fleurs dans sa marche.

9 *Olympe*, montagne de la Thessalie, dont les anciens ont fait le séjour des dieux, et où ils croyaient que Jupiter tenait sa cour, ce qui le fait désigner sous le nom de *Jupiter Olympien*. L'Olympe se dit souvent chez les poëtes pour le ciel même.

10 Les anciens, qui voyaient partout des divinités, rendaient un culte aux *Vents*, et les révéraient comme les dieux des orages et des tremblements de terre. On en comptait quatre principaux : *Eurus* (est), *Auster* (midi), *Zéphire* (ouest), *Borée* (nord). On leur donnait pour séjour les îles Eoliennes (*Lipari*), et pour roi Eole, qui les tenait enchaînés dans de profondes cavernes.

11 Les *Muses*, déesses des arts, de la poésie et des sciences, étaient filles de Jupiter et de Mnémosyne, et les compagnes d'Apollon. Elles étaient au nombre de neuf, dont chacune présidait à des arts et à des genres différents : *Clio* présidait à l'histoire ; *Calliope*, au poëme héroïque ; *Melpomène*, à la tragédie ; *Thalie*, au genre comique ; *Polymnie*, à l'hymne, à l'ode et au dithyrambe : *Erato*, à l'élégie et à la poésie érotique ou fugitive ; *Terpsichore*, à la danse ; *Euterpe*, à la musique ; *Uranie*, à l'astronomie et à l'astrologie.

Le Parnasse, l'Hélicon, le Pinde, étaient leur séjour ordinaire. Le cheval Pégase, qui paissait sur ces montagnes, leur était consacré, ainsi que la rivière d'Hippocrène, la fontaine de Castalie, le fleuve du Permesse, et parmi les arbres, le palmier et le laurier. On désigne sous le nom de *Nourrissons des Muses* ceux qui paraissent écrire sous leur inspiration. Boileau a dit en parlant de Louis XIV :

Muses, dictez sa gloire à tous vos *nourrissons*.

On représente les muses jeunes, belles, modestes, vêtues simplement, ayant Apollon à leur tête, la lyre à la main et couronné de lauriers. On y joint pour chacune d'elles les attributs qui lui sont particuliers.

12 Le *Sommeil*, divinité allégorique, était, selon les poëtes, fils de l'Érèbe et de la Nuit, et père des Songes. Homère le fait résider dans l'île de Lemnos. On le représente étendu sur un lit de feuillage, dans un antre profond, inaccessible aux rayons du soleil, et entouré de pavots; les songes voltigent autour de lui, et Morphée, son principal ministre, entretient un silence éternel dans cette sombre demeure. On le figure aussi par un beau génie ailé, s'appuyant sur un flambeau renversé.

13 *Hercule*, fils de Jupiter et d'Alcmène, l'un des plus fameux héros de l'antiquité, appartient également à l'histoire et à la fable. La haine de Junon et la jalousie d'Eurysthée, son frère, roi de Mycènes, l'exposèrent à une foule de travaux et de dangers qui ne furent pour lui que des occasions d'acquérir de la gloire, en déployant un courage admirable et une force prodigieuse. Ses nombreux exploits, dont les douze principaux sont appelés les *travaux d'Hercule*, étaient autant de bienfaits pour sa patrie, et en général pour l'humanité. Il terrassait des animaux féroces qui portaient la terreur et la mort dans les cités naissantes; il exterminait des brigands, qui, à la faveur de leur force et de leur puissance, commettaient des cruautés inouïes; et par d'immenses travaux il facilitait l'agriculture, le commerce et les progrès d'une civilisation encore peu avancée. Mais on doit croire que toutes ces actions, même dégagées des embellissements de la fable, appartiennent à plusieurs Hercules, et qu'on les a peu à peu confondues et réunies sur un seul personnage.

Hercule poursuivant le centaure Nessus, qui lui enlevait sa femme Déjanire, et ne pouvant l'atteindre, lui lança une flèche qui le blessa mortellement. Le centaure avant de mourir donna sa robe teinte de son sang à Déjanire, en lui persuadant que cette robe lui assurerait la fidélité de son époux, si ce dernier s'en revêtait. La crédule Déjanire envoya ce don fatal à Hercule; mais à peine le héros eut-il mis la robe, qu'il fut dévoré par d'atroces douleurs; et ne pouvant y résister, il dressa lui-même un bûcher sur le mont OEta et s'y brûla. Après sa mort il fut mis au rang des dieux, et on lui donna pour épouse Hébé, déesse de la jeunesse (Voy. I, note 21).

Presque toutes les nations ont eu leur Hercule, avec des noms différents; chez toutes il est le symbole de la force. On lui donne souvent, et surtout en poésie, le nom d'*Alcide*, d'un mot grec qui veut dire *force*, ou plutôt parce que son aïeul se nommait Alcée.

XI

L'ANNEAU DE GYGÈS.

Pendant le règne du fameux Crésus [1] il y avait en Lydie [2] un jeune homme bien fait, plein d'esprit, très-vertueux, nommé Callimaque, de la race des anciens rois, et devenu si pauvre, qu'il fut réduit à se faire berger. Se promenant un jour sur des montagnes écartées où il rêvait sur ses malheurs en menant son troupeau, il s'assit au pied d'un arbre pour se délasser. Il aperçut, auprès de lui, une ouverture étroite dans un rocher. La curiosité l'engagea à y entrer. Il y trouve une caverne large et profonde. D'abord il ne voit goutte ; enfin ses yeux s'accoutument à l'obscurité. Il entrevoit une urne d'or, sur laquelle ces mots étaient gravés : « Ici tu trouveras » l'anneau de Gygès [3]. Ô mortel ! qui que tu sois, » à qui les dieux destinent un si grand bien, » montre-leur que tu n'es pas ingrat, et garde- » toi d'envier jamais le bonheur d'aucun autre » homme. »

Callimaque ouvre l'urne, trouve l'anneau, le prend, et dans le transport de sa joie, il laissa l'urne, quoiqu'il fût très-pauvre et qu'elle fût d'un grand prix. Il sort de la caverne, et se hâte d'éprouver l'anneau enchanté, dont il avait si souvent entendu parler depuis son enfance. Il voit de loin le roi Crésus qui passait pour aller de Sardes [4] dans une maison délicieuse sur les bords du Pactole [5]. D'abord il s'approche de quelques esclaves qui marchaient devant, et qui portaient des parfums pour les répandre sur le chemin où le roi devait passer. Il se mêle parmi eux, après avoir tourné son anneau en dedans, et personne ne l'aperçoit. Il fait du bruit tout exprès en marchant; il prononce même quelques paroles. Tous prêtèrent l'oreille, tous furent étonnés d'entendre une voix et de ne voir personne. Ils se disaient les uns aux autres : « Est-ce un songe ou une vérité ? N'avez-vous pas cru entendre parler quelqu'un ? » Callimaque, ravi d'avoir fait cette expérience, quitte ces esclaves et s'approche du roi. Il est déjà tout auprès de lui sans être découvert; il monte avec lui sur son char, qui était tout d'argent et orné d'une merveilleuse sculpture. La reine était auprès de lui, et ils parlaient ensemble des plus grands secrets de l'État, que Crésus ne confiait qu'à la reine seule; Callimaque les entendit pendant tout le chemin.

On arrive dans cette maison, dont tous les murs étaient de jaspe; le toit était de cuivre fin et brillant comme l'or; les lits étaient d'argent, et tout le reste des meubles de même; tout était orné de diamants et de pierres précieuses. Tout le palais était sans cesse rempli des plus doux parfums, et pour les rendre plus agréables on en répandait de nouveaux à chaque heure du jour. Tout ce qui servait à la personne du roi était d'or. Quand il se promenait dans ses jardins, les

jardiniers avaient l'art de faire naître les plus
belles fleurs sous ses pas. Souvent on changeait,
pour lui donner une agréable surprise, la déco-
ration des jardins, comme on change une déco-
ration de scène. On transportait promptement
par de grandes machines les arbres avec leurs
racines, et on en apportait d'autres tout entiers,
en sorte que, chaque matin, le roi en se levant
apercevait ses jardins entièrement renouvelés.
Un jour, c'étaient des grenadiers, des oliviers,
des myrtes, des orangers et une forêt de citron-
niers; un autre jour, paraissait tout à coup un
désert sablonneux, avec des pins sauvages, de
grands chênes, de vieux sapins, qui paraissaient
aussi anciens que la terre; un autre jour on
voyait des gazons fleuris, des prés d'une herbe
fine et naissante tout émaillés de violettes, au
travers desquels coulaient impétueusement de
petits ruisseaux. Sur leurs rives étaient plantés
de jeunes saules d'une tendre verdure; de hauts
peupliers, qui montaient jusqu'aux nues, des
ormes touffus et des tilleuls odoriférants, plantés
sans ordre, faisaient une agréable irrégularité.
Puis tout à coup, le lendemain, tous ces petits
canaux disparaissaient; on ne voyait plus qu'un
canal de rivière d'une eau pure et transparente.
Ce fleuve était le Pactole, dont les eaux coulaient
sur un sable doré. On voyait sur ce fleuve des
vaisseaux avec des rameurs vêtus des plus riches
étoffes couvertes d'une broderie d'or. Les bancs
des rameurs étaient d'ivoire, les rames d'ébène;
le bec des proues était d'argent; tous les cordages étaient de soie, les voiles de pourpre, et le

corps des vaisseaux de bois odoriférants comme les cèdres. Tous les cordages étaient ornés de festons ; tous les matelots étaient couronnés de fleurs. Il coulait quelquefois dans l'endroit des jardins qui étaient sous les fenêtres de Crésus un ruisseau d'essence dont l'odeur exquise s'exhalait dans tout le palais. Crésus avait des lions, des tigres et des léopards, auxquels on avait limé les dents et les griffes, qui étaient attelés à de petits chars d'écaille de tortue garnis d'argent. Ces animaux féroces étaient conduits par un frein d'or et par des rênes de soie ; ils servaient au roi et à toute la cour pour se promener dans les vastes routes d'une forêt qui conservait sous ses rameaux impénétrables une éternelle nuit. Souvent on faisait aussi des courses avec ces chars le long du fleuve, dans une prairie unie comme un tapis vert. Ces fiers animaux couraient si légèrement et avec tant de rapidité, qu'ils ne laissaient pas même sur l'herbe tendre la moindre trace de leurs pas ni des roues qu'ils traînaient après eux. Chaque jour on inventait de nouvelles espèces de courses pour exercer la vigueur et l'adresse des jeunes gens. Crésus, à chaque nouveau jeu, attachait quelque grand prix pour le vainqueur. Aussi les jours coulaient dans les délices et parmi les plus agréables spectacles. Callimaque résolut de surprendre tous les Lydiens par le moyen de son anneau. Plusieurs jeunes hommes de la plus haute naissance avaient couru devant le roi, qui était descendu de son char dans la prairie pour les voir courir. Dans le moment où tous les prétendants eurent achevé leur course, et que Crésus examinait à qui le prix devait appartenir, Callimaque se met dans le char du roi. Il demeure invisible; il pousse les lions, le char vole. On eût cru que c'était celui d'Achille[6], traîné par des coursiers immortels, ou celui de Phœbus[7] même, lorsque, après avoir parcouru la voûte immense des cieux, il précipite ses chevaux enflammés dans le sein des ondes. D'abord on crut que les lions, s'étant échappés, s'enfuyaient au hasard; mais bientôt on reconnut qu'ils étaient guidés avec beaucoup d'art, et que cette course surpasserait toutes les autres. Cependant le char paraissait vide, et tout le monde demeurait immobile d'étonnement. Enfin la course est achevée, et le prix remporté sans qu'on puisse comprendre par qui. Les uns croient que c'est une divinité qui se joue des hommes; les autres assurent que c'est un homme nommé Orodès, venu de Perse, qui avait l'art des enchantements, qui évoquait les ombres des enfers, qui tenait entre ses mains toute la puissance d'Hécate[8], qui envoyait à son gré la Discorde[9] et les Furies[10] dans l'âme de ses ennemis, qui faisait entendre la nuit les hurlements de Cerbère[11] et les gémissements profonds de l'Érèbe[12], enfin qui pouvait éclipser la lune et la faire descendre du ciel sur la terre. Crésus crut qu'Orodès avait mené le char : il le fit appeler. On le trouva qui tenait dans son sein des serpents entortillés, et qui, prononçant entre ses dents des paroles inconnues et mystérieuses, conjurait les divinités infernales. Il n'en fallut pas davantage pour persuader qu'il était le vainqueur invisible de cette

course; il assura que non, mais le roi ne put le
croire. Callimaque était ennemi d'Orodès, parce
que celui-ci avait prédit à Crésus que ce jeune
homme lui causerait un jour de grands embarras et serait la cause de la ruine entière de son
royaume. Cette prédiction avait obligé Crésus à
tenir Callimaque loin du monde dans un désert
et réduit à une grande pauvreté. Callimaque sentit le plaisir de la vengeance, et fut bien aise de
voir l'embarras de son ennemi. Crésus pressa
Orodès, et ne put pas l'obliger à dire qu'il avait
couru pour le prix. Mais comme le roi le menaça
de le punir, ses amis lui conseillèrent d'avouer
la chose et de s'en faire honneur. Alors il passa
d'une extrémité à l'autre : la vanité l'aveugla. Il
se vanta d'avoir fait ce coup merveilleux par la
vertu de ses enchantements. Mais, dans le moment où il parlait, on fut bien surpris de voir le
même char recommencer la même course. Puis
le roi entendit une voix qui lui disait à l'oreille :
« Orodès se moque de toi; il se vante de ce qu'il
n'a pas fait. » Le roi, irrité contre Orodès le fit
aussitôt charger de fers et jeter dans une profonde prison.

Callimaque, ayant senti le plaisir de contenter
ses passions par le secours de son anneau, perdit peu à peu les sentiments de modération et de
vertu qu'il avait eus dans sa solitude et dans ses
malheurs; il fut même tenté d'entrer dans la
chambre du roi et de le tuer dans son lit. Mais
l'on ne passe point tout d'un coup aux plus
grands crimes : il eut horreur d'une action si
noire et ne put endurcir son cœur pour l'exé-

cuter. Il partit pour s'en aller en Perse, trouver Cyrus[13] : il lui dit les secrets de Crésus qu'il avait entendus, et le dessein des Lydiens de faire une ligue contre les Perses avec les colonies grecques[14] de toute·la côte de l'Asie Mineure ; en même temps il lui expliqua les préparatifs de Crésus et les moyens de le prévenir. Aussitôt Cyrus abandonne les bords du Tigre[15], où il était campé avec une armée innombrable, il vient jusqu'au fleuve Halys[16], où Crésus se présenta à lui avec des troupes plus magnifiques que courageuses. Les Lydiens vivaient trop délicieusement pour ne craindre point la mort. Leurs habits étaient brodés d'or, et semblables à ceux des femmes les plus vaines; leurs armes étaient toutes dorées : ils étaient suivis d'un nombre prodigieux de chariots superbes; l'or, l'argent, les pierres précieuses, éclataient partout dans leurs tentes, dans leurs vases, dans leurs meubles, et jusque sur leurs esclaves. Le faste et la mollesse de cette armée ne devaient faire attendre qu'imprudence et lâcheté, quoique les Lydiens fussent en beaucoup plus grand nombre que les Perses. Ceux-ci, au contraire, ne montraient que pauvreté et courage; ils étaient légèrement vêtus, vivaient de peu, se nourrissaient de racines et de légumes, ne buvaient que de l'eau, dormaient sur la terre exposés aux injures de l'air, exerçaient sans cesse leurs corps pour les endurcir au travail; ils n'avaient pour tout ornement que le fer; leurs troupes étaient toutes hérissées de piques, de dards et d'épées : aussi n'avaient-ils que du mépris pour des ennemis noyés dans les délices[17].

A peine la bataille mérita-t-elle le nom de combat. Les Lydiens ne purent soutenir le premier choc ; ils se renversèrent les uns sur les autres. Les Perses ne font que tuer ; ils nagent dans le sang. Crésus s'enfuit jusqu'à Sardes ; Cyrus l'y poursuit sans perdre un moment. Le voilà assiégé dans sa ville capitale. Il succombe après un long siége ; il est pris, on le mène au supplice. En cette extrémité, il prononce le nom de Solon[18]. Cyrus veut savoir ce qu'il dit : il apprend que Crésus déplore son malheur de n'avoir pas cru ce Grec qui lui avait donné de si sages conseils ; Cyrus, touché de ces paroles, donne la vie à Crésus.

Alors Callimaque commença à se dégoûter de sa fortune. Cyrus l'avait mis au rang de ses satrapes et lui avait donné d'assez grandes richesses. Un autre en eût été content ; mais ce Lydien, avec son anneau, se sentait en état de monter plus haut. Il ne pouvait souffrir de se voir borné à une condition où il avait tant d'égaux et un maître. Il ne pouvait se résoudre à tuer Cyrus, qui lui avait fait tant de bien. Il avait même quelquefois du regret d'avoir renversé Crésus de son trône ; lorsqu'il l'avait vu conduit au supplice, il avait été saisi de douleur. Il ne pouvait plus demeurer dans un pays où il avait causé tant de maux, et où il ne pouvait rassasier son ambition. Il part ; il cherche un pays inconnu ; il traverse des terres immenses, éprouve partout l'effet magique et merveilleux de son anneau, élève à son gré et renverse les rois et les royaumes, amasse de grandes richesses, parvient au faîte

des honneurs, et se trouve cependant toujours
dévoré de désirs. Son talisman lui procure tout,
excepté la paix et le bonheur : c'est qu'on ne les
trouve que dans soi-même, qu'ils sont indépen-
dants de tous ces avantages extérieurs auxquels
nous mettons tant de prix, et que, quand dans
l'opulence et la grandeur on perd la simplicité,
l'innocence et la modération, alors le cœur et la
conscience, qui sont les vrais siéges du bonheur,
deviennent la proie du trouble, de l'inquiétude,
de la honte et du remords.

NOTES.

1 *Crésus*, dernier roi de Lydie, de la race des Mermnades,
avait succédé à son père Alyatte, en 562 avant Jésus-Christ. Il
est célèbre par sa puissance, ses richesses et ses malheurs. Ce
fut sa défaite à Thymbrée qui prépara la chute du vaste empire
de Babylone, dont il était le tributaire et le plus fort soutien.
Quoiqu'il fît consister le bonheur dans le pouvoir et dans la
fortune, il protégeait les arts et les lettres. Sa cour fut le ren-
dez-vous des philosophes et des savants: Il y attira entre autres
le fabuliste Ésope et le législateur Solon, qui lui firent entendre
des vérités sévères. Fait prisonnier après sa défaite et condamné à mort, il dut la vie au souvenir des paroles du sage
athénien, qui rappelèrent le vainqueur à la clémence; en le
faisant réfléchir sur l'inconstance de la fortune.

2 La *Lydie*, province de l'Asie Mineure, à l'ouest, entre la
Mysie et la Carie. On lui donne aussi le nom de *Méonie*, de
Méon, l'un de ses rois.

3 *Gygès* était un ancien roi de Lydie, fondateur de la dynastie
des Mermnades; il avait succédé en 718 à Candaule, dernier
roi de la race des Héraclides. Selon la tradition la plus commune, Candaule, fier de la beauté de sa femme, introduisit en
sa présence, et sans la prévenir, son favori Gygès. Elle regarda
cette indiscrétion comme un outrage, et pour s'en venger elle
donna à Gygès l'alternative de périr lui-même ou de faire périr
le roi. Il prit ce dernier parti, épousa la reine, et monta sur le
trône.

Platon fait de Gygès un simple berger, qui étant descendu
dans un abîme y trouva un cheval d'airain, et dans ce cheval
un squelette humain d'une grandeur extraordinaire. Il ôta du
doigt de ce cadavre un anneau d'airain, et le mit au sien. Cet
anneau avait la vertu de rendre invisibles ceux qui le portaient.
Ce fut par le secours de ce talisman que Gygès entra sans être
aperçu dans la chambre de la reine, tua Candaule et s'empara
du trône.

4 Sardes, sur le Pactole, au pied du mont Tmolus, capitale
du royaume de Lydie, passa longtemps pour la ville la plus
opulente de l'Asie Mineure. Elle fut brûlée, en 504 avant Jésus-
Christ, par les Athéniens unis aux Ioniens, et cet incendie fut
une des principales causes des guerres médiques.

5 Voy. I, note 30.

6 Voy. III, note 8.

7 *Phœbus*, nom que portait Apollon considéré comme le dieu
de la lumière, et qui s'emploie dans le style poétique pour le
soleil lui-même.

8 *Hécate*, l'un des trois noms de Diane, sœur d'Apollon. Sous
ce nom elle était la déesse des Enfers, des magiciennes et des
enchantements, elle présidait aux songes et aux spectres ; elle
était chargée de retenir pendant cent ans sur les bords du Styx
les âmes dont les corps avaient été privés de la sépulture. Elle
épousa Eétès, roi de la Colchide, et en eut les célèbres magiciennes Médée et Circé. On la confond souvent avec Proserpine,
épouse de Pluton, et reine des enfers.

9 La *Discorde*, divinité malfaisante que Jupiter exila de
l'Olympe. Piquée de n'avoir pas été invitée aux noces de Thétis
et de Pélée, elle jeta au milieu du festin cette fameuse pomme
qui fit naître la dispute dont Pâris fut le juge.

10 Les *Furies* ou *Euménides*, filles de la Nuit ou de l'Achéron,
ron, divinités infernales, chargées de tourmenter dans les enfers les âmes des criminels. Elles étaient au nombre de trois :
Tisiphone, Mégère et Alecton.

11 *Cerbère*, chien monstrueux à trois têtes, gardien des enfers, chargé d'empêcher les vivants d'y pénétrer, et les morts
d'en sortir. On l'apaisait en lui jetant des gâteaux de pavots et
de miel. Orphée l'endormit au son de sa lyre.

12 *Erèbe*, fils du Chaos et de la Nuit, fut métamorphosé en
fleuve, et précipité dans les enfers, pour avoir secouru les
Titans. Il se prend aussi pour une partie de l'enfer ou pour
l'enfer même.

13 Cyrus, l'un des plus fameux conquérants de l'antiquité,
fondateur de cette vaste monarchie des Perses qui s'éleva sur
les débris de l'empire d'Assyrie, naquit en 599 avant Jésus-
Christ. Il était petit-fils, par sa mère Mandane, d'Astyage, roi

des Mèdes, et fils de Cambyse, roi de Perse. Ce fut lui qui en 536 rendit aux Juifs leur pays et leur liberté, et mit fin à cette captivité de Babylone qui durait depuis soixante-dix ans. Les historiens ne sont pas d'accord sur la manière dont il termina ses jours. Xénophon le fait mourir paisiblement dans son lit après un règne long et glorieux; mais, selon Hérodote, il fut surpris et tué dans une expédition contre les Scythes par Tomyris, reine des Massagètes, dont le fils avait péri dans un combat précédent.

14 Toute la côte occidentale de l'Asie Mineure était peuplée par des colonies grecques *éoliennes*, *doriennes* et *ioniennes*. Ces dernières étaient les plus puissantes.

15 Le *Tigre*, grand fleuve de l'Assyrie, prend sa source dans l'Arménie, et se jette dans l'Euphrate à peu de distance du golfe Persique.

16 L'*Halys*, le plus grand fleuve de l'Asie Mineure, qu'il traverse du sud au nord, a sa source dans les monts Taurus et son embouchure dans le Pont-Euxin.

17 Lisez dans le troisième chant de *la Henriade* la comparaison que Henri IV fait de son armée et de celle du duc de Joyeuse, et rapprochez ce passage de la prose élégante, facile et naturelle de Fénelon. Il est permis d'imiter ainsi, quand l'imitateur est riche de son propre fonds, qu'il ne reste point au-dessous de son modèle dans les emprunts qu'il lui fait, et qu'il conserve son caractère original. Voltaire possède ce talent à un degré remarquable.

18 *Solon*, législateur d'Athènes, et un des sept sages de la Grèce, naquit à Salamine l'an 639 avant Jésus-Christ. Après avoir étudié la philosophie et la politique, il parcourut la Grèce et l'Asie Mineure, pour étudier les mœurs et les lois des peuples, s'arrêta quelque temps à la cour du roi de Lydie, auquel il donna de sages conseils, et revint dans sa patrie, qu'il trouva en proie aux factions et à l'anarchie. Nommé archonte en 594, il donna aux Athéniens un code de lois, non pas parfaites, disait-il lui-même, mais les meilleures qu'ils fussent capables de recevoir. Avant de partir pour un nouveau voyage, il leur fit jurer de ne rien changer à ces lois pendant cent ans. A son retour, il fut si affligé de voir Pisistrate, son ami et son parent, s'élever au-dessus des lois et usurper le pouvoir absolu, qu'il s'exila volontairement, et se retira dans l'île de Cypre, où il mourut à l'âge de quatre-vingts ans.

XII

LE JEUNE BACCHUS ET LE FAUNE.

Un jour le jeune Bacchus [1], que Silène [2] instruisait, cherchait les Muses [3] dans un bocage
dont le silence n'était troublé que par le bruit
des fontaines et par le chant des oiseaux ; le soleil n'en pouvait, avec ses rayons, percer la sombre verdure. L'enfant de Sémélé [4], pour étudier
la langue des Dieux, s'assit dans un coin, au pied
d'un vieux chêne, du tronc duquel plusieurs
hommes de l'âge d'or étaient nés ; il avait même
autrefois rendu des oracles [5], et le temps n'avait
osé l'abattre de sa tranchante faux. Auprès de
ce chêne sacré et antique, se cachait un jeune
Faune [6], qui prêtait l'oreille aux vers que chantait l'enfant, et qui marquait à Silène, par un ris
moqueur, toutes les fautes que faisait son disciple. Aussitôt les Naïades [7] et les autres nymphes des bois souriaient aussi. Le critique était
jeune, gracieux et folâtre ; sa tête était couronnée
de lierre et de pampre. Ses tempes étaient ornées
de grappes de raisin. De son épaule gauche pen-
dait sur son côté droit en écharpe un feston de
lierre, et le jeune Bacchus se plaisait à voir ces
feuilles consacrées à sa divinité. Le Faune était
enveloppé, au-dessous de la ceinture, par la dé-
pouille affreuse et hérissée d'une jeune lionne

6

qu'il avait tuée dans les forêts ; il tenait dans sa main une houlette courbée et noueuse. Sa queue paraissait derrière, comme se jouant sur son dos. Mais comme Bacchus ne pouvait souffrir un rieur malin, toujours prêt à se moquer de ses expressions, si elles n'étaient pures et élégantes, il lui dit d'un ton fier et impatient : « Comment oses-tu te moquer du fils de Jupiter? » Le Faune répondit sans s'émouvoir : « Eh ! comment le fils de Jupiter ose-t-il faire quelque faute [8] ? »

NOTES.

1 Voy. II, note 5.

2 *Silène*, demi-dieu, fils de Mercure et de la Terre, ou, selon d'autres, de Pan et d'une Nymphe, naquit à Malée dans l'île de Lesbos. Il fut le père nourricier, le maître et le compagnon assidu de Bacchus, qu'il suivit dans tous ses voyages. A son retour des Indes, il s'établit dans les campagnes d'Arcadie, où il se fit aimer de tout le pays. On le représente sous la forme d'un vieillard gros, petit, chauve et camus, quelquefois le front orné de cornes, toujours ivre, et tantôt assis sur un âne sur lequel il a bien de la peine à se soutenir, tantôt marchant appuyé sur un bâton ou sur un thyrse. On lui met aussi sur la tête une couronne de lierre, et à la main une tasse pleine.

3 *Cherchait les Muses*, expression allégorique, qui signifie : *cherchait des idées poétiques, composait*. On croyait que les Muses donnaient des inspirations aux poëtes et leur apparaissaient dans les solitudes ombragées (Voy. X, note 2).

4 *Sémélé*, fille de Cadmus et d'Hermione, et mère de Bacchus, périt victime d'une vaine curiosité. Egarée par la vanité, ou plutôt poussée à son insu par la jalousie de Junon, elle exigea de Jupiter, dont elle était aimée, qu'il se montrât à elle dans tout l'éclat de sa gloire, armé des éclairs et de la foudre. Le

dieu, lié par un serment qu'elle avait exigé d'avance, ne put s'y refuser, et elle périt consumée par le feu.

5 *Avait même autrefois rendu des oracles.* Il y avait dans l'Épire une ville, nommée Dodone, qui possédait un temple célèbre de Jupiter, et l'oracle le plus ancien de la Grèce. Le temple était environné d'une épaisse forêt dont tous les arbres avaient le don de prophétie. Les chênes sacrés et les colombes qui vivaient sous leur ombrage répondaient aux questions des mortels.

6 Voy. II, note 7.

7 Les *Naïades*, filles de Jupiter, divinités des fleuves, des sources, des puits et des fontaines, étaient chez les anciens l'objet de la plus grande vénération. Elles sont représentées sous les traits de vierges jeunes et belles, penchées sur une urne d'où s'échappe une nappe d'eau, couronnées de roseaux, ou tenant à la main un coquillage.

8 Le trait est si vif et l'allégorie si transparente, que le royal élève ne pouvait se méprendre sur l'application ; mais à qui et à quel rang ne doit-on pas répéter sans cesse que plus on est sensible au reproche, plus on doit s'attacher à être irréprochable ?

XIII

PRIÈRE INDISCRÈTE DE NÉLÉE, PETIT-FILS DE NESTOR.

Entre tous les mortels qui avaient été aimés des dieux, nul ne leur avait été plus cher que Nestor [1] : ils avaient versé sur lui leurs dons les plus précieux, la sagesse, la profonde connaissance des hommes, une éloquence douce et insinuante. Tous les Grecs l'écoutaient avec admiration, et dans une extrême vieillesse il avait un pouvoir absolu sur les cœurs et sur les esprits. Les dieux, avant la fin de ses jours, voulurent lui accorder encore une faveur, qui fut de voir naître un fils de Pisistrate [2]. Quand il vint au monde, Nestor le prit sur ses genoux, et levant les yeux au ciel : « O Pallas [3] ! dit-il, vous avez comblé la mesure de vos bienfaits ; je n'ai plus rien à souhaiter sur la terre, sinon que vous remplissiez de votre esprit l'enfant que vous m'avez fait voir. Vous ajouterez, j'en suis sûr, puissante déesse, cette faveur à toutes celles que j'ai reçues de vous. Je ne demande point de voir le temps où mes vœux seront exaucés ; la terre m'a porté trop longtemps ; coupez, fille de Jupiter, le fil de mes jours. » Ayant prononcé ces mots, un doux sommeil se répand sur ses yeux, il fut uni avec celui de la mort ; et, sans effort, sans douleur, son âme quitta son corps glacé et presque anéanti par trois âges d'homme qu'il avait vécu.

Ce petit-fils de Nestor s'appelait Nélée : Nestor, à qui la mémoire de son père avait toujours été chère, voulut qu'il portât son nom. Quand Nélée fut sorti de l'enfance, il alla faire un sacrifice à Minerve dans un bois proche de la ville de Pylos [4], qui était consacré à cette déesse. Après que les victimes couronnées de fleurs eurent été égorgées, pendant que ceux qui l'avaient accompagné s'occupaient aux cérémonies qui suivaient l'immolation, que les uns coupaient du bois, que les autres faisaient sortir le feu des veines des cailloux, qu'on écorchait les victimes, et qu'on les coupait en plusieurs morceaux, tous étant éloignés de l'autel, Nélée était demeuré auprès. Tout d'un coup il entendit la terre trembler ; du creux des arbres sortaient d'affreux mugissements, l'autel paraissait en feu; et sur le haut des flammes parut une femme d'un air si majestueux et si vénérable, que Nélée en fut ébloui. Sa figure était au-dessus de la forme humaine, ses regards étaient plus perçants que les éclairs. Sa beauté n'avait rien de mou ni d'efféminé ; elle était pleine de grâces, et marquait de la force et de la vigueur. Nélée, ressentant l'impression de la divinité, se prosterne à terre ; tous ses membres se trouvent agités par un violent tremblement, son sang se glace dans ses veines, sa langue s'attache à son palais et ne peut plus proférer une seule parole; il demeure interdit, immobile, et presque sans vie. Alors Pallas lui rend la force qui l'avait abandonné : « Ne craignez rien, lui dit cette déesse; je suis descendue du haut de l'Olympe [5]

pour vous témoigner le même amour que j'ai
fait ressentir à votre aïeul Nestor : je mets votre
bonheur dans vos mains, j'exaucerai tous vos
vœux ; mais pensez attentivement à ce que vous
me devez demander. » Alors Nélée, revenu de
son étonnement et charmé par la douceur des
paroles de la déesse, sentit au dedans de lui la
même assurance que s'il n'eût été que devant
une personne mortelle. Il était à l'entrée de la
jeunesse : dans cet âge où les plaisirs qu'on commence à ressentir occupent et entraînent l'âme
tout entière, on n'a point encore connu l'amertume, suite inséparable des plaisirs ; on n'a point
encore été instruit par l'expérience. « O déesse !
s'écria-t-il, si je puis toujours goûter la douceur
de la volupté, tous mes souhaits seront accom-
plis. » L'air de la déesse était auparavant gai et
ouvert ; à ces mots, elle en prit un froid et sérieux : « Tu ne comptes, lui dit-elle, que ce qui
flatte les sens ; eh bien ! tu vas être rassasié des
plaisirs que ton cœur désire. » La déesse aussitôt
disparut. Nélée quitte l'autel, et reprend le chemin
de Pylos. Il voit sous ses pas naître et éclore des
fleurs d'une odeur si délicieuse, que les hommes
n'avaient jamais ressenti un si précieux parfum.
Le pays s'embellit, et prend une forme qui charme
les yeux de Nélée. La beauté des Grâces [6], compagnes de Vénus [7], se répand sur toutes les
femmes qui paraissent devant lui. Tout ce qu'il
boit devient nectar, tout ce qu'il mange devient
ambroisie [8] ; son âme se trouve noyée dans un
océan de plaisirs. La volupté s'empare du cœur
de Nélée, il ne vit plus que pour elle ; il n'est

plus occupé que d'un seul soin, qui est que les divertissements se succèdent toujours les uns aux autres, et qu'il n'y ait pas un seul moment où ses sens ne soient agréablement charmés. Plus il goûte les plaisirs, plus il les souhaite ardemment. Son esprit s'amollit et perd toute sa vigueur ; les affaires lui deviennent un poids d'une pesanteur horrible ; tout ce qui est sérieux lui donne un chagrin mortel. Il éloigne de ses yeux les sages conseillers qui avaient été formés par Nestor, et qui étaient regardés comme le plus précieux héritage que ce prince eût laissé à son petit-fils. La raison, les remontrances utiles, deviennent l'objet de son aversion la plus vive, et il frémit si quelqu'un ouvre la bouche devant lui pour lui donner un sage conseil. Il fait bâtir un magnifique palais, où l'on ne voit luire que l'or, l'argent et le marbre, où tout est prodigué pour contenter les yeux et appeler le plaisir. Le fruit de tant de soins pour se satisfaire, c'est l'ennui, l'inquiétude. A peine a-t-il ce qu'il souhaite, qu'il s'en dégoûte : il faut qu'il change souvent de demeure, qu'il coure sans cesse de palais en palais, qu'il abatte et qu'il réédifie. Le beau, l'agréable, ne le touchent plus ; il lui faut du singulier, du bizarre, de l'extraordinaire; tout ce qui est naturel et simple lui paraît insipide, et il tombe dans un tel engourdissement, qu'il ne vit plus, qu'il ne sent plus que par secousse, par soubresaut. Pylos, sa capitale, change de face. On y aimait le travail, on y honorait les dieux ; la bonne foi régnait dans le commerce, tout y était dans l'ordre, et le peuple même trou-

vait dans les occupations utiles, qui se succédaient
sans l'accabler, l'aisance et la paix. Un luxe
effréné prend la place de la décence et des vraies
richesses; tout y est prodigué aux vains agréments, aux commodités recherchées. Les maisons, les jardins, les édifices publics, changent
de forme; tout y devient singulier; le grand,
le majestueux, qui sont toujours simples, ont
disparu. Mais, ce qui est encore plus fâcheux,
les habitants, à l'exemple de Nélée, n'aiment,
n'estiment, ne recherchent que la volupté; on la
poursuit aux dépens de l'innocence et de la vertu;
on s'agite, on se tourmente pour saisir une ombre vaine et fugitive de bonheur, et l'on en perd
le repos et la tranquillité; personne n'est content,
parce qu'on veut l'être trop, parce qu'on ne sait
rien souffrir, ni rien attendre. L'agriculture et les
autres arts utiles sont devenus presque avilis-
sants : ce sont ceux que la mollesse a inventés
qui sont en honneur, qui mènent à la richesse,
et auxquels on prodigue les encouragements. Les
trésors que Nestor et Pisistrate avaient amassés
sont bientôt dissipés ; les revenus de l'État deviennent la proie de l'étourderie et de la cupidité.
Le peuple murmure, les grands se plaignent, les
sages seuls gardent quelque temps le silence; ils
parlent enfin, et leur voix respectueuse se fait
entendre à Nélée. Ses yeux s'ouvrent, son cœur
s'attendrit. Il a encore recours à Minerve ; il se
plaint à la déesse de sa facilité à exaucer ses
vœux téméraires; il la conjure de retirer ses dons
perfides ; il lui demande la sagesse et la justice.
« Que j'étais aveugle ! s'écria-t-il; mais je con-

nais mon erreur, je déteste la faute que j'ai faite, je veux la réparer, et chercher dans l'application à mes devoirs, dans le soin de soulager mon peuple, et dans l'innocence et la pureté des mœurs, le repos et le bonheur que j'ai vainement cherchés dans les plaisirs des sens. »

NOTES.

1 *Nestor*, fils de Nélée et de Chloris, neveu de Pélias et petit-fils de Neptune. Ses onze frères et son père même ayant été tués par Hercule, à qui sa famille faisait la guerre, il fut seul épargné à cause de sa grande jeunesse, et placé par le vainqueur sur le trône de Pylos, dans la Messénie. Il conduisit ses sujets au siége de Troie, et s'y fit admirer par son éloquence, sa justice et sa sagesse, qui, jointes à l'expérience d'un âge avancé, le rendaient tout-puissant dans les conseils de l'armée, et le faisaient choisir par les chefs pour juge de leurs différends. Le genre et l'époque de sa mort ne sont pas connus. On dit qu'il vécut trois âges d'homme, c'est-à-dire selon les uns quatre-vingt-dix ans, et selon les autres trois cents. Cette dernière opinion, quoique invraisemblable, a prévalu, parce qu'on préfère toujours le merveilleux à ce qui est dans l'ordre commun. Les Grecs et les Latins, pour souhaiter à quelqu'un une longue vie, lui souhaitaient les années de Nestor; et encore aujourd'hui son nom est employé figurément comme nom commun pour exprimer un vieillard sage et expérimenté.

2 *Pisistrate*, un des sept fils de Nestor.

3 *Pallas*, un des noms de Minerve, déesse de la guerre. Quelques auteurs distingunet Minerve de Pallas; l'opinion la plus commune les confond ensemble. Pallas était représentée debout, ou, selon d'autres, assise, le casque en tête, une pique dans une main, un fuseau et une quenouille dans l'autre, et ayant sur la poitrine un bouclier qu'on nommait *égide*. (Voy. II, note 2.)

4 Trois villes du nom de *Pylos* se disputaient l'honneur

d'avoir Nestor pour roi, l'une en Élide, l'autre dans la Triphylie, et la troisième dans la Messénie. Les poëtes et les monuments semblent s'accorder en faveur de cette dernière (aujourd'hui *Vieux-Navarin*). Du temps de Pausanias, on y montrait la maison et le tombeau de Nestor.

5 Voy. X, note 9.

6 Voy. V, note 2.

7 *Vénus*, fille de la mer et déesse de la beauté. Les mythologues disent que Jupiter la donna à Vulcain, dieu du feu. Cupidon ou l'Amour était son fils. Elle tirait son plus grand charme d'une ceinture merveilleuse qui communiquait le don de plaire à quiconque s'en revêtait. Junon la lui emprunta pour se faire aimer de Jupiter. Les Amours, les Grâces, les Jeux et les Plaisirs formaient son cortège. Des colombes, des cygnes ou des moineaux traînaient le char dans lequel on la représentait assise, ayant Cupidon à ses côtés. Quoique son culte fût universel, elle était principalement adorée à Cnide, qui l'avait reçue au sortir des flots, et surtout à Cythère.

8 *L'ambroisie* était la nourriture des Dieux; elle avait un goût et un parfum délicieux, et donnait l'immortalité à ceux qui en goûtaient.

XIV

VOYAGE DANS L'ILE DES PLAISIRS.

Après avoir longtemps vogué sur la mer Pacifique[1], nous aperçûmes de loin une île de sucre, avec des montagnes de compote, des rochers de sucre candi et de caramel, et des rivières
de sirop qui coulaient dans la campagne. Les habitants, qui étaient fort friands, léchaient tous
les chemins, et suçaient leurs doigts après les
avoir trempés dans les fleuves. Il y avait aussi
des forêts de réglisse, et de grands arbres d'où
tombaient des gaufres, que le vent emportait
dans la bouche des voyageurs, si peu qu'elle fût
ouverte. Comme tant de douceurs nous parurent
fades, nous voulûmes passer en quelque autre
pays où l'on pût trouver des mets d'un goût plus
relevé. On nous assura qu'il y avait à dix lieues
de là une autre île où il y avait des mines de
jambons, de saucisses et de ragoûts poivrés; on
les creusait comme on creuse les mines d'or dans
le Pérou[2]. On y trouvait aussi des ruisseaux de
sauces à l'oignon. Les murailles des maisons
sont de croûtes de pâtés. Il y pleut du vin couvert[3] quand le temps est chargé; et, dans les
plus beaux jours, la rosée du matin est toujours
de vin blanc, semblable au vin grec ou à celui
de Saint-Laurent[4]. Pour passer dans cette île,

nous fîmes mettre sur le port de celle d'où nous voulions partir douze hommes d'une grosseur prodigieuse, et qu'on avait endormis : ils soufflaient si fort en ronflant, qu'ils remplirent nos voiles d'un vent favorable. À peine fûmes-nous arrivés dans l'autre île, que nous trouvâmes sur le rivage des marchands qui vendaient de l'appétit; car on en manquait souvent parmi tant de ragoûts. Il y avait aussi d'autres gens qui vendaient le sommeil; le prix en était réglé tant par heure: mais il y avait des sommeils plus chers les uns que les autres, à proportion des songes qu'on voulait avoir. Les plus beaux songes étaient fort chers. J'en demandai des plus agréables pour mon argent; et comme j'étais las, j'allai d'abord me coucher. Mais à peine fus-je dans mon lit, que j'entendis un grand bruit; j'eus peur, et je demandai du secours. On me dit que c'était la terre qui s'entr'ouvrait. Je crus être perdu; mais on me rassura en me disant qu'elle s'entr'ouvrait ainsi toutes les nuits, à une certaine heure, pour vomir avec grand effort des ruisseaux bouillants de chocolat moussé [5] et des liqueurs glacées de toutes les façons. Je me levai à la hâte pour en prendre, et elles étaient délicieuses. Ensuite je me recouchai, et dans mon sommeil je crus voir que tout le monde était de cristal, que les hommes se nourrissaient de parfums quand il leur plaisait, qu'ils ne pouvaient marcher qu'en dansant, ni parler qu'en chantant, qu'ils avaient des ailes pour fendre les airs et des nageoires pour passer les mers. Mais ces hommes étaient comme des pierres à fusil; on ne pouvait les choquer qu'aussitôt ils ne prissent feu. Ils s'enflammaient comme une mèche, et je ne pouvais m'empêcher de rire, voyant combien ils étaient faciles à émouvoir. Je voulus demander à l'un d'eux pourquoi il paraissait si animé : il me dit, en me montrant le poing, qu'il ne se mettait jamais en colère.

A peine fus-je éveillé, qu'il vint un marchand d'appétit, me demandant de quoi je voulais avoir faim, et si je voulais qu'il me vendît des relais d'estomacs pour manger toute la journée : j'acceptai la condition. Pour mon argent, il me donna douze petits sachets de taffetas, que je mis sur moi, et qui devaient me servir comme douze estomacs, pour digérer sans peine douze grands repas en un jour. A peine eus-je pris les douze sachets, que je commençai à mourir de faim. Je passai ma journée à faire douze festins délicieux. Dès qu'un repas était fini, la faim me reprenait, et je ne lui donnais pas le temps de me presser. Mais comme j'avais une faim avide, on remarqua que je ne mangeais pas proprement : les gens du pays sont d'une délicatesse et d'une propreté exquises. Le soir, je fus lassé d'avoir passé toute la journée à table comme un cheval à son râtelier. Je pris la résolution de faire tout le contraire le lendemain, et de ne me nourrir que de bonnes odeurs. On me donna à déjeuner de la fleur d'orange[6]. A dîner, ce fut une nourriture plus forte : on me servit des tubéreuses, et puis des peaux d'Espagne[7]. Je n'eus que des jonquilles à collation. [8] Le soir, on me donna à souper de grandes corbeilles pleines de

7

toutes les fleurs odoriférantes, et l'on y ajouta des cassolettes de toutes sortes de parfums. La nuit, j'eus une indigestion, pour avoir trop senti tant d'odeurs nourrissantes. Le jour suivant, je jeûnai, pour me délasser de la fatigue des plaisirs de la table. On me dit qu'il y avait dans ce pays-là une ville toute singulière, et on me promit de m'y mener par une voiture qui m'était inconnue. On me mit dans une petite chaise de bois fort léger, et toute garnie de grandes plumes, et on attacha à cette chaise, avec des cordes de soie, quatre grands oiseaux grands comme des autruches, qui avaient des ailes proportionnées à leur corps. Ces oiseaux prirent d'abord leur vol. Je conduisis les rênes du côté de l'Orient, qu'on m'avait marqué. Je voyais à mes pieds les hautes montagnes, et nous volâmes si rapidement, que je perdais presque l'haleine en fendant le vague de l'air. En une heure nous arrivâmes à cette ville si renommée : elle est toute de marbre, et elle est grande trois fois comme Paris. Toute la ville n'est qu'une seule maison. Il y a vingt-quatre grandes cours, dont chacune est grande comme le plus grand palais du monde ; et au milieu de ces vingt-quatre cours, il y en a une vingt-cinquième, qui est six fois plus grande que chacune des autres. Tous les logements de cette maison sont égaux, car il n'y a point d'inégalité de condition entre les habitants de cette ville. Il n'y a là ni domestiques ni petit peuple ; chacun se sert soi-même, personne n'est servi : il y a seulement des souhaits, qui sont de petits esprits fol-

lets et voltigeants, qui donnent à chacun tout ce
qu'il désire dans le moment même. En arrivant,
je reçus un de ces esprits, qui s'attacha à moi,
et qui ne me laissa manquer de rien : à peine me
donnait-il le temps de désirer. Je commençais
même à être fatigué des nouveaux désirs que
cette liberté de me contenter excitait sans cesse
en moi, et je compris, par expérience, qu'il va-
lait mieux se passer des choses superflues que
d'être sans cesse dans de nouveaux désirs, sans
pouvoir jamais s'arrêter à la jouissance tranquille d'aucun plaisir. Les habitants de cette ville
étaient polis, doux et obligeants; ils me reçu-
rent comme si j'avais été l'un d'entre eux. Dès
que je voulais parler, ils devinaient ce que je
voulais, et le faisaient sans attendre que je m'ex-
pliquasse. Cela me surprit, et j'aperçus qu'ils ne
parlaient jamais entre eux : ils lisent dans les
yeux des autres tout ce qu'ils pensent, comme
on lit dans un livre; et quand ils veulent cacher
leurs pensées, ils n'ont qu'à fermer les yeux. Ils
me menèrent dans une salle où il y eut une musique de parfums. Ils assemblent les parfums
comme nous assemblons les sons. Un certain assemblage de parfums, les uns plus forts, les
autres plus doux, fait une harmonie qui cha-
touille l'odorat, comme nos concerts flattent l'o-
reille par des sons tantôt graves et tantôt aigus.
En ce pays-là, les femmes gouvernent les hommes : elles jugent les procès, elles enseignent les
sciences, et vont à la guerre. Les hommes s'y
fardent, s'y ajustent depuis le matin jusqu'au
soir : ils filent, ils cousent, ils travaillent à la

broderie, et ils craignent d'être battus par leurs
femmes, quand ils ne leur ont pas obéi. On dit
que la chose se passait autrement il y a un certain nombre d'années; mais les hommes, servis
par les souhaits, sont devenus si lâches, si pa-
resseux et si ignorants, que les femmes furent
honteuses de se laisser gouverner par eux. Elles
s'assemblèrent pour réparer les maux de la république. Elles firent des écoles publiques, où
les personnes de leur sexe qui avaient le plus
d'esprit se mirent à étudier. Elles désarmèrent
leurs maris, qui ne demandèrent pas mieux que
de n'aller jamais aux coups. Elles les débarras-
sèrent de tous les procès à juger, veillèrent à
l'ordre public, établirent des lois, les firent observer, et sauvèrent la chose publique, dont l'in-
application, la légèreté, la mollesse des hommes, auraient sûrement causé la ruine totale.
Touché de ce spectacle, et fatigué de tant de festins et d'amusements, je conclus que les plaisirs
des sens, quelque variés, quelque faciles qu'ils
soient, avilissent et ne rendent point heureux.
Je m'éloignai donc de ces contrées en apparence
si délicieuses ; et de retour chez moi, je trouvai
dans une vie sobre, dans un travail modéré,
dans des mœurs pures, dans la pratique de la
vertu, le bonheur et la santé que n'avaient pu
me procurer la continuité de la bonne chère et
la variété des plaisirs.

NOTES.

1 La *mer Pacifique*, nom donné d'abord par Magellan au Grand Océan, appelé aussi mer du Sud et situé entre l'Asie et l'Amérique.

2 Le *Pérou*, contrée de l'Amérique méridionale très-riche en mines d'or et d'argent, et dont le nom a passé dans le langage populaire pour signifier la source des plus grandes richesses.

3 *Vin couvert* se dit d'un vin rouge d'une couleur très-chargée.

4 *Saint-Laurent*, bourg du département de l'Hérault, à une lieue de Lunel, célèbre par son vin.

5 *Chocolat moussé*, c'est-à-dire qu'on a fait mousser. Cette locution était sans doute en usage du temps de Fénelon; on dit aujourd'hui de la mousse au chocolat.

6 *Fleur d'orange.* Il semblerait plus conforme à la raison de dire *fleur d'oranger*, car il s'agit de la fleur de l'arbre, et l'on ne doit pas plus dire *fleur d'orange* qu'on ne dirait *fleur de pêche* ou *fleur de citron.* Mais l'usage est si ancien et si général, qu'il a prévalu, et en le voyant respecté du plus pur de nos prosateurs, nous n'aurions pas hasardé cette remarque, si nous ne travaillions pour la jeunesse, qu'il faut sans cesse ramener à l'analyse.

7 *Peaux d'Espagne*, espèce de peaux de senteur.

8 *Collation*, repas léger entre le déjeuner et le dîner, ou tenant lieu de souper les jours de jeûne. Ces mots *à collation* s'emploieraient difficilement et présenteraient un sens moins clair aujourd'hui que du temps de Fénelon, parce que l'usage de ce repas est presque entièrement perdu et que le mot n'appartient plus à la langue usuelle. Autrefois *à collation* était aussi clair et aussi naturel que le sont toujours les mots *à dîner*, *à déjeuner*, etc.

XV

CHASSE DE DIANE.

Il y a dans le pays des Celtes [1], et assez près du fameux séjour des druides [2], une sombre forêt dont les chênes, aussi anciens que la terre, ont vu les eaux du déluge et conservent sous leurs épais rameaux une profonde nuit au milieu du jour. Dans cette forêt reculée était une belle fontaine plus claire que le cristal, et qui donna son nom au lieu où elle coulait. Diane [3] allait souvent percer de ses traits des cerfs et des daims dans cette forêt pleine de rochers escarpés et sauvages. Après avoir chassé avec ardeur, elle allait se plonger dans les pures eaux de la fontaine, et la Naïade [4] se glorifiait de faire les délices de la déesse et de toutes ses nymphes. Un jour Diane chassa en ces lieux un sanglier plus grand et plus furieux que celui de Calydon [5]. Son dos était armé d'une soie dure, aussi hérissée et aussi horrible que les piques d'un bataillon ; ses yeux étincelants étaient pleins de sang et de feu. Il jetait, d'une gueule béante et enflammée, une écume mêlée d'un sang noir. Sa hure monstrueuse ressemblait à la proue recourbée d'un navire. Il était sale et couvert de la boue de sa bauge où il s'était vautré. Le souffle brûlant de sa gueule agitait l'air tout autour de lui et faisait un bruit effroyable. Il s'élançait rapidement comme la foudre; il renversait les moissons dorées, et ravageait toutes les campagnes voisines; il coupait les hautes tiges des arbres les plus durs, pour aiguiser ses défenses contre leurs troncs. Ses défenses étaient aiguës et tranchantes comme les glaives recourbés des Perses. Les laboureurs épouvantés se réfugiaient dans leurs villages; les bergers, oubliant leurs faibles troupeaux errants dans les pâturages, couraient vers leurs cabanes. Tout était consterné; les chasseurs mêmes, avec leurs dards et leurs épieux, n'osaient entrer dans la forêt. Diane seule, ayant pitié de ce pays, s'avance avec son carquois doré et ses flèches; une troupe de nymphes la suit, et elle les surpasse de toute la tête. Elle est, dans sa course, plus légère que les zéphyrs et plus prompte que les éclairs. Elle atteint le monstre furieux, le perce d'une de ses flèches au-dessous de l'oreille, à l'endroit où l'épaule commence. Le voilà qui se roule dans les flots de son sang : il pousse des cris dont toute la forêt retentit, et montre en vain ses défenses prêtes à déchirer ses ennemis. Les nymphes en frémissent. Diane seule s'avance, met le pied sur sa tête, et enfonce son dard; puis se voyant rougie du sang de ce sanglier, qui avait rejailli sur elle, elle se baigne dans la fontaine, et se retire charmée d'avoir délivré les campagnes de ce monstre.

NOTES.

1 *Celtes*, nom sous lequel on comprenait généralement les peuples du nord de l'Europe et de l'Asie; mais il ne désigne ici et le plus ordinairement que les habitants de cette partie de la Gaule qui était bornée au nord par la Belgique, à l'est par la Germanie, au sud par les Aquitaines, et à l'ouest par l'océan.

2 Les *druides* étaient les prêtres, les savants, les philosophes des Gaulois et des Bretons. Leur nom dérive, comme celui des dryades, d'un mot grec qui signifie *chêne;* cet arbre était pour les Gaulois ainsi que pour les Grecs l'objet d'une grande vénération. C'était dans les forêts que les druides s'assemblaient pour faire leurs sacrifices et toutes les cérémonies de leur culte. Leur séjour principal était le pays des *Carnutes*, aujourd'hui Chartres.

3 Voy. II, note 4.

4 Voy. XII, note 7.

5 *Calydon*, petite ville de l'Étolie, sur l'Evénus, à deux lieues de la mer, est célèbre par le sanglier énorme que Diane, irritée contre OEnée, avait suscité pour ravager le pays. Tous les princes et les héros de la Grèce se rassemblèrent pour détruire ce monstre, qui avait des soies comme des lances, des défenses comme un éléphant, et qui vomissait une vapeur empestée. Il fut tué par Méléagre, fils du roi.

XVI

LE NIL [1] ET LE GANGE [2].

Un jour deux fleuves, jaloux l'un de l'autre, se présentèrent à Neptune [3] pour disputer le premier rang. Le dieu était sur un trône d'or au milieu d'une grotte profonde. La voûte était de pierres ponces, mêlées de rocailles et de conques marines. Des eaux immenses venaient de tous côtés, et se suspendaient en voûte au-dessus de la tête du dieu. Là paraissaient le vieux Nérée, ridé et courbé comme Saturne [4], le grand Océan [5], père de tant de nymphes, Téthys [6] pleine de charmes, Amphitrite [7] avec le petit Palémon, Ino [8] et Mélicerte, la foule des jeunes néréides couronnées de fleurs; Protée [9] même y était accouru avec ses troupeaux marins, qui, de leurs vastes narines ouvertes, avalaient l'onde amère pour la revomir comme des fleuves rapides qui tombent des rochers escarpés. Toutes les petites fontaines transparentes, les ruisseaux bondissants et écumeux, les fleuves qui arrosent la terre, les mers qui l'environnent, venaient apporter le tribut de leurs eaux dans le sein immobile du souverain père des ondes. Les deux fleuves, dont l'un est le Nil et l'autre le Gange, s'avancent; le Nil tenait dans sa main une palme, et le Gange ce roseau indien dont la moelle rend un suc si doux que l'on nomme sucre ; ils étaient couronnés de jonc. La vieillesse des deux était également majestueuse et vénérable. Leurs corps nerveux étaient d'une vigueur et d'une noblesse au-dessus de l'homme. Leurs barbes, d'un vert bleuâtre, flottaient jusqu'à leur ceinture. Leurs yeux étaient vifs et étincelants, malgré un séjour si humide. Leurs sourcils épais et mouillés tombaient sur leurs paupières. Ils traversèrent la foule des monstres marins ; les troupeaux de tritons[10] folâtres sonnaient de la trompette avec leurs conques recourbées; les dauphins s'élevaient au-dessus de l'onde qu'ils faisaient bouillonner par les mouvements de leurs queues, et ensuite se replongeaient dans l'eau avec un bruit effroyable, comme si les abîmes se fussent ouverts.

Le Nil parla le premier ainsi : « O grand fils de Saturne[11], qui tenez le vaste empire des eaux, compatissez à ma douleur ; on m'enlève injustement la gloire dont je jouis depuis tant de siècles : un nouveau fleuve, qui ne coule qu'en des pays barbares, ose me disputer le premier rang. Avez-vous oublié que la terre d'Égypte[12], fertilisée par mes eaux, fut l'asile des dieux quand les géants voulurent escalader l'Olympe[13]? C'est moi qui donne à cette terre son prix; c'est moi qui fais l'Égypte si délicieuse et si puissante. Mon cours est immense : je viens de ces climats brûlants dont les mortels n'osent approcher; et quand Phaéton[14], sur le char du soleil, embrasait les terres, pour l'empêcher de faire tarir mes eaux, je cachai si bien ma tête superbe, qu'on n'a point

encore pu, depuis ce temps-là, découvrir où est
ma source et mon origine. Au lieu que les dé-
bordements déréglés des autres fleuves ravagent
les campagnes, le mien, toujours régulier, répand l'abondance dans ces heureuses terres
d'Égypte, qui sont plutôt un beau jardin qu'une
campagne. Mes eaux dociles se partagent en autant de canaux qu'il plaît aux habitants pour arroser leurs terres et pour faciliter leur commerce.
Tous mes bords sont pleins de villes, et l'on en
compte jusqu'à vingt mille dans la seule Égypte.
Vous savez que mes catadoupes ou cataractes
font une chute merveilleuse de toutes mes eaux
de certains rochers en bas, au-dessus des plaines
d'Égypte : on dit même que le bruit de mes eaux,
dans cette chute, rend sourds tous les habitants
du pays. Sept bouches différentes apportent mes
eaux dans votre empire, et le Delta[15] qu'elles
forment est la demeure du plus sage, du plus
savant, du mieux policé et du plus ancien
peuple de l'univers : il compte beaucoup de
milliers d'années dans son histoire et dans
la tradition de ses prêtres. J'ai donc pour moi la
longueur de mon cours, l'ancienneté de mes
peuples, les merveilles des dieux accomplies sur
mes rivages, la fertilité des terres par mes inondations, la singularité de mon origine inconnue.
Mais pourquoi raconter tous mes avantages
contre un adversaire qui en a si peu ? Il sort des
terres sauvages et glacées des Scythes[16], se jette
dans une mer qui n'a aucun commerce qu'avec
des barbares ; ces pays ne sont célèbres que pour
avoir été subjugués par Bacchus[17], suivi d'une

troupe de femmes ivres et échevelées, dansant avec des thyrses en main. Il n'a sur ses bords ni peuples polis et savants, ni villes magnifiques, ni monuments de la bienveillance des dieux : c'est un nouveau venu qui se vante sans preuve. O puissant dieu, qui commandez aux vagues et aux tempêtes, confondez sa témérité ! »

« C'est la vôtre qu'il faut confondre, répliqua alors le Gange. Vous êtes, il est vrai, plus anciennement connu, mais vous n'existiez pas avant moi. Comme vous, je descends de hautes montagnes, je parcours de vastes pays, je reçois le tribut de beaucoup de rivières, je me rends par plusieurs bouches dans le sein des mers, et je fertilise les plaines que j'inonde. Si je voulais, à votre exemple, donner dans le merveilleux, je dirais, avec les Indiens, que je descends du ciel, et que mes eaux bienfaisantes ne sont pas moins salutaires à l'âme qu'au corps. Mais ce n'est pas devant le dieu des fleuves et des mers qu'il faut se prévaloir de ces prétentions chimériques. Créé cependant quand le monde sortit du chaos [18], plusieurs écrivains me font naître dans le jardin de délices [19] qui fut le séjour du premier homme. Mais ce qu'il y a de certain, c'est que j'arrose encore plus de royaumes que vous; c'est que je parcours des terres aussi riantes et aussi fécondes; c'est que je roule cette poudre d'or si recherchée et peut-être si funeste au bonheur des hommes ; c'est qu'on trouve sur mes bords des perles, des diamants, et tout ce qui sert à l'ornement des temples et des mortels; c'est qu'on voit sur mes rives des édifices superbes, et qu'on

y célèbre de longues et magnifiques fêtes. Les
Indiens, comme les Égyptiens, ont aussi leurs
antiquités leurs métamorphoses, leurs fables ;
mais ce qu'ils ont de plus qu'eux, ce sont d'illustres gymnosophistes [20], des philosophes éclairés.
Qui de vos prêtres si renommés pourriez-vous
comparer au fameux Pilpay [21] ? Il a enseigné aux
princes les principes de la morale et l'art de gouverner avec justice et bonté. Ses apologues ingénieux ont rendu son nom immortel ; on les lit,
mais on n'en profite guère dans les États que
j'enrichis ; et ce qui fait notre honte à tous les
deux, c'est que nous ne voyons sur nos bords
que des princes malheureux, parce qu'ils n'aiment que les plaisirs et une autorité sans bornes ;
c'est que nous ne voyons dans les plus belles
contrées du monde que des peuples misérables,
parce qu'ils sont presque tous esclaves, presque
tous victimes des volontés arbitraires et de la cupidité insatiable des maîtres qui les gouvernent,
ou plutôt qui les écrasent. À quoi me servent
donc et l'antiquité de mon origine, et l'abondance
de mes eaux, et tout le spectacle des merveilles
que j'offre au navigateur ? Je ne veux ni les honneurs ni la gloire de la préférence , tant que je
ne contribuerai pas plus au bonheur de la multi-
tude, tant que je ne servirai qu'à entretenir la mollesse ou l'avidité de quelques tyrans fastueux
et inappliqués. Il n'y a rien de grand, rien d'es-
timable, que ce qui est utile au genre humain. »

Neptune et l'assemblée des dieux marins ap-
plaudirent au discours du Gange, louèrent sa
tendre compassion pour l'humanité vexée et souf-

frante ; ils lui firent espérer que, d'une autre partie du monde, il se transporterait dans l'Inde des nations policées et humaines qui pourraient éclairer les princes sur leur vrai bonheur, et leur faire comprendre qu'il consiste principalement, comme il le croyait avec tant de vérité, à rendre heureux tous ceux qui dépendent d'eux, et à les gouverner avec sagesse et modération.

NOTES.

1 Le *Nil*, l'un des fleuves les plus remarquables du monde, traverse l'Égypte dans toute sa longueur du sud au nord et se jette par sept embouchures principales dans la Méditerranée. Sa source, ignorée des anciens, n'est guère mieux connue des modernes, qui la placent dans les montagnes de la Lune. L'Égypte doit sa prodigieuse fécondité aux inondations périodiques du Nil.

2 Le *Gange*, fleuve de l'Inde, était regardé par les anciens comme le plus grand fleuve du monde. Il sortait de pays situés au delà de l'Immaüs et qui leur étaient inconnus. On ne connaît pas encore sa source d'une manière bien précise ; quelques géographes le croient formé de la jonction de deux fleuves qui sortent des monts Himalaya du côté du Thibet. Il coule du nord au sud, partage l'Inde en deux vastes contrées, et se jette dans le golfe du Bengale (mer des Indes) par plusieurs embouchures, dont la plus grande se nommait autrefois *magnum Ostium*. Le Gange fut la borne des conquêtes d'Alexandre. Les Indiens avaient pour lui la même vénération que les Egyptiens pour le Nil, parce qu'il fertilisait aussi par ses inondations toutes les contrées voisines. Il nourrissait également des crocodiles.

3 *Neptune*, fils de Saturne et de Rhée, frère de Jupiter et de Pluton. Dans le partage du monde entre les trois frères, l'empire de la mer échut à Neptune. On le représente les cheveux épars, tenant à la main un trident, et entouré de Tritons et de Néréides.

4 *Nérée*, dieu marin, plus ancien que Neptune, fils de l'Océan et de Téthys. De son mariage avec Doris naquirent les nymphes nommées Néréides.

5 *Océan*, dieu de la mer, fils du Ciel et de la Terre, époux de Téthys et père des Fleuves et d'un grand nombre de nymphes, parmi lesquelles on distinguait particulièrement les Océanides ou Océanitides. On le représentait sous la figure d'un vieillard assis sur les ondes de la mer, le front armé de deux pinces d'écrevisse, tenant une pique à la main, et ayant à ses côtés un monstre marin.

6 Voy. X, note 6.

7 *Amphitrite*, déesse de la mer, fille de l'Océan ou de Nérée et de Doris, épousa Neptune et en eut un fils, appelé Triton, et plusieurs nymphes. On la représente sur un char formé par une grande coquille, entourée de nymphes marines et de Tritons qui soufflent dans des conques recourbées. Nous invitons nos jeunes lecteurs à relire à ce sujet l'admirable tableau qui termine le quatrième livre de Télémaque.

8 *Ino*, fille de Cadmus et d'Hermione, et femme d'Athamas, roi de Thébes, avait été l'objet de la haine et des persécutions de Junon. Poursuivie par son mari qui voulait la tuer dans un accès de fureur et de démence que lui avait inspiré la déesse, elle se précipita dans la mer avec son fils Mélicerte. Les dieux touchés de son sort les changèrent en divinités marines, Ino sous le nom de Leucothoë, et Mélicerte sous celui de Palémon. La déesse Leucothoë avait le nom de Matuta chez les Romains, et Palémon celui de Portunus ou Portumnus. Puisque Fénelon distingue ici Palémon de Mélicerte, il veut sans doute parler d'un autre Palémon, fils de Neptune et d'Amphitrite; car, dans son Télémaque (liv. VI, dernier alinéa), il nous représente cette déesse portant *sur ses genoux le petit dieu Palémon son fils.*

9 *Protée*, dieu marin, fils de Neptune et gardien des troupeaux de ce dieu, qui, en récompense, lui avait donné la connaissance de l'avenir. Son séjour habituel était la mer de Carpathie, et il se reposait sur un rocher, où on venait le consulter. Mais on ne pouvait obtenir de réponse qu'en employant la force. Il ne cédait qu'après avoir pris différentes formes pour échapper à l'empressement de ceux qui l'interrogeaient. Mais à force de persévérance on finissait par triompher (Voy. III, note 1).

Selon l'histoire, Protée était un roi d'Egypte, contemporain de la guerre de Troie, qui était renommé par ses lumières et sa prévoyance, et que ses sujets ne pouvaient aborder qu'avec une extrême difficulté.

10 Les *Tritons*, divinités de la mer, qu'on représente avec la partie supérieure du corps semblable à l'homme, et le reste semblable à un poisson. Ils servent de trompettes à Neptune et ont en main une coquille ou conque en forme de trompette.

11 *Saturne*, dieu du temps, fils de Cœlus. S'étant fait céder le trône des cieux par son frère Titan, à la condition de ne point élever d'enfants mâles, il dévorait ceux qui naissaient ; mais Rhée, sa femme, eut l'adresse de soustraire à sa voracité Jupiter, Pluton et Neptune. Titan se vengea de cette violation du traité en renfermant Saturne ; mais Jupiter délivra ce dernier, qu'il chassa bientôt du ciel pour se mettre à sa place. Saturne exilé se réfugia en Italie, où il fit régner la justice et la vertu par les conseils qu'il donna au roi Janus. Ce temps est appelé l'*âge d'or* (Voy. II, note 8). Saturne, regardé comme dieu du temps, est représenté sous la figure d'un vieillard courbé sous le poids des ans et des infirmités, tenant de la main droite une faux, et de la gauche tantôt une clepsydre ou un sablier, tantôt un enfant qu'il se prépare à dévorer.

12 L'*Égypte*, vaste contrée de l'Afrique, appelée Misraïm par les Orientaux, n'était qu'une étroite vallée resserrée entre deux chaînes de montagnes et ayant plus de 200 lieues de longueur du sud au nord. Elle devait au Nil une si prodigieuse fertilité, que les anciens la nommaient *le grenier de Rome*. D'antiques traditions populaires voulaient que les Dieux, vaincus par les *géants* et poursuivis par Typhon, se fussent réfugiés en Égypte, où ils étaient restés cachés sous diverses formes, ce qui explique le culte solennel que les Égyptiens rendaient à certains animaux, et même à certains légumes qui passaient pour sacrés.

13 Voy. III, note 7.

14 Phaéton, fils du Soleil et de la nymphe Clymène, une des Océanides, ayant obtenu la fatale permission de conduire le char de son père, ne sut pas le diriger ni se rendre maître des chevaux. Il en résulta dans le ciel et sur la terre un désordre et des malheurs, auxquels Jupiter mit un terme en foudroyant l'imprudent Phaéton, qui tomba dans l'Éridan, fleuve de l'Italie. Ses sœurs, nommées Héliades, recueillirent son corps, lui rendirent les honneurs funèbres, et le pleurèrent si amèrement,

que les dieux, touchés de leur douleur, les changèrent en peupliers, et leurs pleurs en graines d'ambre. Cycnus, son ami, ne fut pas moins sensible à son malheur et fut métamorphosé en cygne. Phaéton est l'image de l'ambitieux qui mesure ses entreprises à son orgueil plutôt qu'à ses forces, et qui périt victime de sa folle présomption.

15 On appelle *delta* la quatrième lettre de l'alphabet grec qui a la forme d'un triangle (△). C'est par analogie qu'on nommait *Delta*, et que même encore aujourd'hui on désigne sous ce nom la partie de l'Égypte comprise entre la mer et les deux principales branches du Nil.

16 Les anciens donnaient le nom général de *Scythes* à tous les peuples répandus au nord du Pont-Euxin et de la mer Caspienne, et en deçà et au delà de l'Imaüs. C'étaient des nations ou tribus nomades, c'est-à-dire qui n'avaient point de villes et changeaient souvent de demeures. Les unes avaient de la modération et quelques vertus, se nourrissaient de laitage, se couvraient de peaux de bêtes et s'endurcissaient aux plus rudes travaux; d'autres, sauvages et barbares, se nourrissaient de chair humaine, s'abreuvaient du sang de leurs ennemis, et, dans leurs sacrifices, se servaient de crânes humains en guise de coupes. Les Scythes que n'avaient pu dompter ni Cyrus, ni Darius, fils d'Hystaspes, ni même Alexandre, prirent une grande part à la destruction de l'empire romain.

17 Voy. II, note 5.

18 On entend par *chaos* l'assemblage confus qui, selon les poëtes, existait avant la formation du monde, et dont l'Être suprême se servit pour le former.

19 L'Éden ou le paradis terrestre.

20 Les anciens nommaient ainsi des philosophes indiens qui allaient presque nus, s'abstenaient de viandes, renonçaient à toutes les voluptés et s'adonnaient à la contemplation de la nature. Les Brachmanes faisaient partie de cette secte.

21 Pilpay, célèbre philosophe indien, vivait quelques siècles avant Jésus-Christ, sous un puissant roi nommé Dabschelim. Il était gouverneur d'une partie de l'Indostan. On ne sait rien de bien assuré sur sa vie et ses ouvrages. Le texte arabe de ses fables a été publié en 1816 par M. Sylvestre de Sacy avec une traduction française.

XVII

LA PATIENCE ET L'ÉDUCATION CORRIGENT BIEN DES DÉFAUTS.

Une ourse avait un petit ours qui venait de naître. Il était horriblement laid. On ne reconnaissait en lui aucune figure d'animal : c'était une masse informe et hideuse. L'ourse, toute honteuse d'avoir un tel fils, va trouver sa voisine la corneille, qui faisait grand bruit par son caquet sur un arbre. « Que ferai-je, lui dit-elle, ma bonne commère, de ce petit monstre ? j'ai envie de l'étrangler. — Gardez-vous-en bien, dit la causeuse : j'ai vu d'autres ourses dans le même embarras que vous. Allez, léchez doucement votre fils ; il sera bientôt joli, mignon, et propre à vous faire honneur. » La mère crut facilement ce qu'on lui disait en faveur de son fils ; elle eut la patience de le lécher longtemps. Enfin il commença à être moins difforme, et elle alla remercier la corneille en ces termes : « Si vous n'eussiez modéré mon impatience, j'aurais cruellement déchiré mon fils, qui fait maintenant tout le plaisir de ma vie. »

Oh! que l'impatience empêche de biens et cause de maux!

XVIII

LE ROSSIGNOL ET LA FAUVETTE.

Sur les bords toujours verts du fleuve Alphée[1], il y a un bocage sacré où trois naïades[2] répandent à grand bruit leurs eaux claires et arrosent les fleurs naissantes : les Grâces[3] y vont souvent se baigner. Les arbres de ce bocage ne sont jamais agités par les vents, qui les respectent ; ils sont seulement caressés par le souffle des doux zéphyrs. Les nymphes et les faunes y font la nuit des danses au son de la flûte de Pan[4]. Le soleil ne saurait percer de ses rayons l'ombre épaisse que forment les rameaux entrelacés de ce bocage; le silence, l'obscurité et la délicieuse fraîcheur y règnent le jour comme la nuit. Sous ce feuillage, on entend Philomèle[5] qui chante d'une voix plaintive et mélodieuse ses anciens malheurs, dont elle n'est pas encore consolée. Une jeune fauvette, au contraire, y chante ses plaisirs, et elle annonce le printemps à tous les bergers d'alentour ; Philomèle même est jalouse des chansons tendres de sa compagne. Un jour, elles aperçurent un jeune berger qu'elles n'avaient point encore vu dans ces bois ; il leur parut gracieux, noble, aimant les muses et l'harmonie. Elles crurent que c'était Apollon, tel qu'il fut autrefois chez le roi Admète[6], ou du moins quelque jeune héros du sang de ce dieu. Les deux oiseaux, inspirés par les muses, commencèrent aussitôt à chanter ainsi :

« Quel est donc ce berger ou ce dieu inconnu qui vient orner notre bocage? Il est sensible à nos chansons; il aime la poésie : elle adoucira son cœur, et le rendra aussi aimable qu'il est fier. »

Alors Philomèle continua seule :

« Que ce jeune homme croisse en vertu, comme une fleur que le printemps fait éclore! qu'il aime les doux jeux de l'esprit, que les grâces soient sur ses lèvres, que la sagesse de Minerve règne dans son cœur! »

La fauvette lui répondit :

« Qu'il égale Orphée [7] par les charmes de sa voix, et Hercule [8] par ses hauts faits! qu'il porte dans son cœur l'audace d'Achille [9], sans en avoir la férocité! qu'il soit bon, qu'il soit sage, bienfaisant, tendre pour les hommes, et aimé d'eux! que les muses fassent naître en lui toutes les vertus! »

Puis, les deux oiseaux inspirés reprirent ensemble :

« Il aime nos douces chansons; elles entrent dans son cœur comme la rosée tombe sur nos gazons brûlés par le soleil. Que les dieux le modèrent et le rendent toujours fortuné! qu'il tienne en sa main la corne d'abondance [10]! que la sagesse se répande de son cœur sur tous les mortels, et que les fleurs naissent sous ses pas! »

Pendant qu'elles chantaient, les zéphyrs retinrent leur haleine; toutes les fleurs du bocage s'épanouirent; les ruisseaux formés par les trois fontaines suspendirent leur cours. Les satyres et les faunes [11], pour mieux écouter, dressaient leurs oreilles aiguës. Écho [12] redisait ces belles paroles à tous les rochers d'alentour, et toutes les dryades [13] sortirent du sein des arbres verts pour admirer celui que Philomèle et sa compagne venaient de chanter.

NOTES.

[1] Fleuve célèbre du Péloponèse, qui prend sa source en Arcadie, traverse l'Élide et se jette dans la mer Ionienne.

[2] *Nymphes des fontaines.* (Voy. XII, note 7.)

[3] *Compagnes de Vénus.* (Voy. V, note 2.)

[4] *Dieu des Bergers.* (V. II, note 6.)

[5] Voy. IX, note 8.

[6] *Admète*, roi de Phérès en Thessalie, fut un des Argonautes et prit part à la chasse du sanglier de Calydon. Ce fut à sa cour qu'Apollon passa le temps de son exil sur terre. (Voy. I, note 10.)

[7] Voy. II, note 3.

[8] Voy. X, note 13.

[9] Voy. III, note 8.

[10] Les anciens avaient fait de l'*Abondance* une divinité, qu'ils représentaient sous la figure d'une belle femme couronnée de fleurs et tenant dans sa main droite une corne remplie de fleurs et de fruits, que l'on nommait *corne d'abondance.* Cette corne était une de celles de la chèvre Amalthée qui avait nourri Jupiter, ou, selon d'autres, celle qu'Hercule avait arrachée au fleuve Archéloüs, qui, déjà vaincu deux fois, avait essayé une nouvelle lutte sous la forme d'un taureau.

[11] Voy. II, note 7.

[12] Écho, nymphe de la suite de Junon, était fille de l'Air et de la Terre. Ayant offensé la déesse, elle fut privée de la parole et condamnée à ne plus répéter que la dernière syllabe de ceux qui l'interrogeaient. Elle rejeta les vœux du dieu Pan, parce qu'elle aimait Narcisse; mais celui-ci, qui n'était épris que de lui-même, l'ayant méprisée, elle se laissa consumer de douleur, et les dieux la changèrent en un rocher auquel il ne resta plus que la voix.

[13] Voy. IX, note 5.

XIX

LE DRAGON [1] ET LES RENARDS.

Un dragon gardait un trésor dans une profonde caverne ; il veillait jour et nuit pour le conserver. Deux renards, grands fourbes et grands voleurs de leur métier, s'insinuèrent auprès de lui par leurs flatteries ; ils devinrent ses confidents. Les gens les plus complaisants et les plus empressés ne sont pas les plus sûrs. Ils les traitaient de grand personnage, admiraient toutes ses fantaisies, étaient toujours de son avis, et se moquaient entre eux de leur dupe. Enfin il s'endormit un jour au milieu d'eux : ils l'étranglèrent, et s'emparèrent du trésor. Il fallut le partager entre eux ; c'était une affaire bien difficile, car deux scélérats ne s'accordent que pour faire le mal. L'un d'eux se mit à moraliser : « A quoi, disait-il, nous servira tout cet argent ? Un peu de chasse nous vaudrait mieux ; on ne mange point du métal ; les pistoles sont de mauvaise digestion. Les hommes sont des fous d'aimer tant de fausses richesses ; ne soyons pas aussi insensés qu'eux. » L'autre fit semblant d'être touché de ces réflexions, et assura qu'il voulait vivre en philosophe comme Bias [2], portant tout son bien sur lui. Chacun fit semblant de quitter le trésor ; mais ils se dressèrent des embûches et s'entre-déchirèrent. L'un d'eux, en mourant, dit à l'autre, qui était aussi blessé que lui : « Que voulais-tu faire de cet argent ? — La même chose que tu voulais en faire, » répondit l'autre. Un homme passant apprit leur aventure et les trouva bien fous. « Vous ne l'êtes pas moins que nous, lui dit un des renards. Vous ne sauriez, non plus que nous, vous nourrir d'argent, et vous vous tuez pour en avoir. Du moins, notre race, jusqu'ici, a été assez sage pour ne mettre en usage aucune monnaie. Ce que vous avez introduit chez vous pour la commodité fait votre malheur. Vous perdez les vrais biens, pour chercher les biens imaginaires. »

NOTES.

1 Le *dragon* est une espèce de monstre à qui la fable donne des griffes, des ailes et une queue de serpent. Les traditions mythologiques en citent trois principaux : Le dragon de Castalie, qui fut tué par Cadmus, et dont les dents produisirent des hommes, qui aidèrent ce dernier à construire Thèbes ; celui de Colchide, dont Jason fut vainqueur par le secours de Médée, et qui gardait la fameuse toison d'or ; et enfin le dragon à cent têtes, gardien du jardin des Hespérides, et que tua Hercule pour enlever les pommes d'or qu'Eurysthée l'avait envoyé chercher.

2 *Bias*, célèbre philosophe, l'un des sept sages de la Grèce, naquit à Priène, ville de l'Asie Mineure, près de l'embouchure du Méandre. Il florissait vers l'an 565 avant J.-C. Sa ville natale ayant été prise, comme tous les citoyens en sortaient avec ce qu'ils avaient de plus précieux, on lui demanda pourquoi il se retirait sans rien emporter : *Je porte tout avec moi*, répondit-il.

XX

LES DEUX RENARDS.

Deux renards entrèrent la nuit par surprise dans un poulailler. Ils étranglèrent le coq, les poules et les poulets; après ce carnage, ils apaisèrent leur faim. L'un, qui était jeune et ardent, voulait tout dévorer; l'autre, qui était vieux et avare, voulait garder quelque provision pour l'avenir. Le vieux disait : « Mon enfant, l'expérience m'a rendu sage; j'ai vu bien des choses depuis que je suis au monde. Ne mangeons pas tout notre bien en un seul jour : nous avons fait fortune; c'est un trésor que nous avons trouvé; il faut le ménager. » Le jeune répondit : « Je veux tout manger pendant que j'y suis, et me rassasier pour huit jours; car, pour ce qui est de revenir ici, chansons, il n'y fera pas bon demain; le maître, pour venger la mort de ses poules, nous assommerait. » Après cette conversation, chacun prend son parti; le jeune mange tant qu'il se crève, et peut à peine aller mourir dans son terrier. Le vieux, qui se croit bien plus sage de modérer ses appétits et de vivre d'économie, va le lendemain retourner à sa proie et est assommé par le maître.

Ainsi, chaque âge a ses défauts. Les jeunes gens sont fougueux et insatiables dans leurs plaisirs, les vieux sont incorrigibles dans leur avarice.

XXI

LE LOUP ET LE JEUNE MOUTON.

Des moutons étaient en sûreté dans leur parc : les chiens dormaient, et le berger, à l'ombre d'un grand ormeau, jouait de la flûte avec d'autres bergers voisins. Un loup affamé vint par les fentes de l'enceinte reconnaître l'état du troupeau. Un jeune mouton sans expérience, et qui n'avait jamais rien vu, entra en conversation avec lui. « Que venez-vous chercher ici ? » dit-il au glouton. — « L'herbe tendre et fleurie, » lui répondit le loup. « Vous savez que rien n'est plus doux que de paître dans une verte prairie émaillée de fleurs, pour apaiser sa faim, et d'aller éteindre sa soif dans un clair ruisseau : j'ai trouvé ici l'un et l'autre. Que faut-il davantage? J'aime la philosophie qui enseigne à se contenter de peu.—Il est donc vrai, repartit le jeune mouton, que vous ne mangez point la chair des animaux, et qu'un peu d'herbe vous suffit? Si cela est, vivons comme frères, et paissons ensemble. » Aussitôt le mouton sort du parc dans la prairie, où le sobre philosophe le mit en pièces et l'avala.

Défiez-vous des belles paroles des gens qui se vantent d'être vertueux : jugez par leurs actions, et non par leurs discours.

8

XXII

LE CHAT ET LES LAPINS.

Un chat, qui faisait le modeste, était entré dans une garenne peuplée de lapins. Aussitôt toute la république alarmée ne songea qu'à s'enfoncer dans ses trous. Comme le nouveau venu était au guet auprès d'un terrier, les députés de la nation lapine, qui avaient vu ses terribles griffes, comparurent dans l'endroit le plus étroit de l'entrée du terrier, pour lui demander ce qu'il prétendait. Il protesta d'une voix douce qu'il voulait seulement étudier les mœurs de la nation ; qu'en qualité de philosophe, il allait dans tous les pays pour s'informer des coutumes de chaque espèce d'animaux. Les députés simples et crédules retournèrent dire à leurs frères que cet étranger, si vénérable par son maintien modeste et par sa majestueuse fourrure, était un philosophe, sobre, désintéressé, pacifique, qui voulait seulement rechercher la sagesse de pays en pays ; qu'il venait de beaucoup d'autres lieux, où il avait vu de grandes merveilles ; qu'il y aurait bien du plaisir à l'entendre, et qu'il n'avait garde de croquer les lapins, puisqu'il croyait, en bon brahmine[1], la métempsycose[2], et ne mangeait d'aucun aliment qui eût eu vie. Ce beau discours toucha l'assemblée ; en vain un vieux lapin rusé, qui était le docteur de la troupe, représenta combien ce grave philosophe lui était suspect. Malgré lui on va saluer le brahmine, qui étrangla du premier salut sept ou huit de ces pauvres gens. Les autres regagnent leurs trous, bien effrayés et bien honteux de leur faute. Alors Dom Mitis [3] revient à l'entrée du terrier, protestant, d'un ton plein de cordialité, qu'il n'avait fait ce meurtre que malgré lui, pour son pressant besoin; que désormais il vivrait d'autres animaux, et ferait avec eux [4] une alliance éternelle. Aussitôt les lapins entrèrent en négociation avec lui, sans se mettre néanmoins à la portée de ses griffes. La négociation dure, on l'amuse. Cependant un lapin des plus agiles sort par les derrières du terrier, et va avertir un berger voisin, qui aimait à prendre dans un lac de ces lapins nourris de genièvre. Le berger, irrité contre ce chat exterminateur d'un peuple si utile, accourt au terrier avec un arc et des flèches. Il aperçoit le chat, qui n'était attentif qu'à sa proie; il le perce d'une de ses flèches, et le chat expirant dit ces dernières paroles : « Quand on a une fois trompé, on ne peut plus être cru de personne; on est haï, craint, et l'on est enfin attrapé par ses propres finesses. »

NOTES.

¹ Les *Brahmines*, ou *Brahmins*, ou *Brahmes*, ou encore *Brachmanes* (ainsi nommés de Brahma, leur principale divinité), sont des philosophes ou prêtres indiens dont l'existence remonte à la plus haute antiquité. Ils forment la plus noble et la plus éclairée des castes de l'Inde.

² Les Indiens croient qu'après la mort, les âmes vont animer d'autres corps, ce qui explique leur répugnance à se nourrir de la chair des animaux. Cette opinion, qui existait aussi chez les anciens Égyptiens, s'appelle *métempsycose*, mot qui signifie transmigration, passage de l'âme. On ne sait si Pythagore, qui essaya de l'établir en Grèce, l'avait rapportée des Indes ou de l'Égypte; ce qui est certain, c'est qu'il l'étendit beaucoup, et qu'il paraissait y croire lui-même au point de raconter les différentes existences par lesquelles avait passé son âme depuis la guerre de Troie.

⁸ *Dom*, abréviation du mot latin *Dominus*, qui signifie *seigneur*, était un titre d'honneur qui précédait les noms de certains religieux, comme Chartreux, Bénédictins, Bernardins, etc. Ce mot n'est plus employé en France, mais il est d'un usage général en Espagne et en Portugal, avec cette différence que l'on écrit *dom* devant les noms portugais, et *don* devant les noms espagnols. — *Mitis*, gros chat. Ce nom est aussi un mot latin qui signifie *doux*. — *Dom Mitis* semble un trait emprunté à La Fontaine, qui a fait un emploi si juste et une application si heureuse de ces dénominations caractéristiques.

⁴ Selon la grammaire, le pronom *eux* se rapporte au dernier nom exprimé, *animaux*; mais, selon le sens, il se rapporte aux *lapins* à qui parle Mitis. Il y a donc équivoque. Dans un écrivain aussi pur que Fénelon, et dont le style fait loi, signaler une tache, une incorrection, ce n'est point lui manquer de respect, c'est rendre hommage à son autorité.

XXIII

LES DEUX SOURIS.

Une souris, ennuyée de vivre dans les périls et dans les alarmes, à cause de Mitis[1] et de Rodilardus[2], qui faisaient grand carnage de la nation souriquoise, appela sa commère, qui était dans un trou du voisinage. « Il m'est venu, lui dit-elle, un bonne pensée. J'ai lu dans certains livres que je rongeais ces jours passés, qu'il y a un beau pays nommé les Indes[3], où notre peuple est mieux traité et plus en sûreté qu'ici. En ce pays-là, les sages croient que l'âme des souris a été autrefois l'âme d'un grand capitaine, d'un roi, d'un merveilleux fakir[4], et qu'elle pourra, après la mort de la souris, entrer dans le corps de quelque belle dame ou de quelque grand Pandiare[5]. Si je m'en souviens bien, cela s'appelle métempsycose[6]. Dans cette opinion, ils traitent tous les animaux avec une charité fraternelle: on voit des hôpitaux de souris[7], qu'on met en pension, et qu'on nourrit comme des personnes importantes. Allons, ma sœur, partons pour un si beau pays, où la police est si bonne, et où l'on fait justice à notre mérite. » La commère lui répondit: « Mais, ma sœur, n'y a-t-il pas de chats qui entrent dans ces hôpitaux? Si cela était, ils feraient en peu de temps bien des métempsycoses : un coup de dent ou de griffe ferait un roi ou un fakir ; merveille dont nous nous passerions très-bien. — Ne craignez point cela, dit la première : l'ordre est parfait dans ce pays-là ; les chats ont leurs maisons, comme nous avons les nôtres, et ils ont aussi leurs hôpitaux d'invalides qui sont à part. » Sur cette conversation, nos deux souris partent ensemble : elles s'embarquent dans un vaisseau qui allait faire un voyage de long cours [8], en se coulant le long des cordages le soir de la veille de l'embarquement. On part : elles sont ravies de se voir sur la mer, loin des terres maudites où les chats exerçaient leur tyrannie. La navigation fut heureuse : elles arrivèrent à Surate [9], non pour amasser des richesses, comme les marchands, mais pour se faire bien traiter par les Indous. A peine furentelles entrées dans une maison destinée aux souris, qu'elles y prétendaient les premières places. L'une prétendait se souvenir d'avoir été autrefois un fameux brahmine sur la côte de Malabar [10] ; l'autre protestait qu'elle avait été une belle dame du même pays avec de longues oreilles. Elles firent tant les insolentes, que les souris indiennes ne purent les souffrir. Voilà une guerre civile. On donna sans quartier sur ces deux franguis [11], qui voulaient faire la loi aux autres : au lieu d'être mangées par les chats, elles furent étranglées par leurs propres sœurs.

On a beau aller loin pour éviter le péril ; si l'on n'est modeste et sensé, on va chercher le malheur bien loin : autant vaudrait-il le trouver chez soi.

NOTES.

¹ Voy. XXII, note 3.

² *Rodilardus*, mot latinisé qui signifie proprement *Ronge-
lard*, sobriquet du chat, employé quelquefois par La Fontaine :

> Un chat, nommé *Rodilardus*, etc.
> (Liv. ii, fab. 2.)

³ *Indes*, vaste contrée de l'Asie, occupée, en grande partie,
par les Anglais, et d'où ils tirent leurs principales richesses.
Quoiqu'on dise indifféremment l'Inde ou les Indes, on écrit
plus souvent le pluriel, parce que ce pays est divisé par le
Gange en deux grandes provinces auxquelles les géographes
conservent le même nom, en les distinguant seulement par leur
position respective en deçà ou au delà du fleuve. La première
s'appelle aussi *Hindoustan*, et la seconde *Indo-Chine*, et on les
nomme quelquefois *Grandes-Indes* ou *Indes orientales*, pour
les distinguer des Antilles, grand archipel de l'océan Atlantique, situé entre les deux Amériques, et que l'on appelle encore, mais rarement, *Indes occidentales*.

⁴ *Fakir* ou *Faquir*, mot arabe qui signifie pauvre, misérable ; espèce de religieux mahométan qui court le pays et vit
d'aumônes. L'épithète *merveilleux* qu'emploie ici Fénelon, fait
sans doute allusion à ces macérations, à ces pénitences
effrayantes que s'imposent les Fakirs, et qui paraissent au-
dessus des forces de l'humanité.

⁵ *Pandiare*, chef de la religion, juge souverain dans les îles
Maldives.

⁶ Voy. XXII, note 2.

⁷ Dans la plupart des grandes villes de la côte occidentale de
l'Hindoustan, il y a des hôpitaux pour les animaux vieux et in-
firmes Il y avait encore à Anjar, en 1823, un établissement où
l'on nourrissait environ *cinq mille rats*.

⁸ *Voyage de long cours* ; c'est ainsi qu'on appelle un voyage
par mer, dont le terme est fort éloigné ; et c'est dans ce sens
qu'on dit un *capitaine de long cours*, en parlant du capitaine
d'un vaisseau employé habituellement à ces sortes de voyage.

⁹ *Surate*, ville de la côte occidentale de l'Hindoustan, autrefois considérable et importante, aujourd'hui bien déchue.

¹⁰ *Malabar*, province occidentale de l'Hindoustan, dont le
chef-lieu est Calicut.

¹¹ Les Indiens donnent le nom de *Franguis* à tous ceux qui
ne professent pas le culte de Brama.

XXIV

L'ASSEMBLÉE DES ANIMAUX, POUR CHOISIR UN ROI.

Le lion étant mort, tous les animaux accoururent dans son antre, pour consoler la lionne sa veuve, qui faisait retentir de ses cris les montagnes et les forêts. Après lui avoir fait leurs compliments, ils commencèrent l'élection d'un roi : la couronne du défunt était au milieu de l'assemblée. Le lionceau était trop jeune et trop faible pour obtenir la royauté sur tant de fiers animaux. « Laissez-moi croître, disait-il, je saurai bien régner et me faire craindre à mon tour. En attendant, je veux étudier l'histoire des belles actions de mon père, pour égaler un jour sa gloire. — Pour moi, dit le léopard, je prétends être couronné : car je ressemble plus au lion que tous les autres prétendants.—Et moi, dit l'ours, je soutiens qu'on m'avait fait une injustice, quand on me préféra le lion ; je suis fort, courageux, carnassier tout autant que lui ; et j'ai un avantage singulier qui est de grimper sur des arbres. — Je vous laisse à juger, messieurs, dit l'éléphant, si quelqu'un peut me disputer la gloire d'être le plus grand, le plus fort et le plus grave de tous les animaux. — Je suis le plus noble et le plus beau, dit le cheval. — Et moi le plus fin, dit le renard. — Et moi le plus léger à la course, dit le cerf. — Où trouverez-vous, dit le singe, un roi plus agréable et plus ingénieux que moi? Je divertirai chaque jour mes sujets. Je ressemble même à l'homme, qui est le véritable roi de toute la nature. » Le perroquet alors harangua ainsi : « Puisque tu te vantes de ressembler à l'homme, je puis m'en vanter aussi. Tu ne lui ressembles que par ton laid visage, et par quelques grimace ridicules. Pour moi, je lui ressemble par la voix, qui est la marque de la raison, et le plus bel ornement de l'homme. — Tais-toi, maudit causeur, lui répondit le singe ; tu parles, mais non pas comme l'homme : tu dis toujours la même chose, sans entendre ce que tu dis. » L'assemblée se moqua de ces deux mauvaux copistes de l'homme, et l'on donna la couronne à l'éléphant, parce qu'il a la force et la sagesse, sans avoir ni la cruauté des bêtes furieuses, ni la sotte vanité de tant d'autres, qui veulent toujours paraître ce qu'elles ne sont pas.

XXV

LE SINGE.

Un vieux singe malin étant mort, son ombre descendit dans la sombre demeure de Pluton [1], où elle demanda à retourner parmi les vivants. Pluton voulait la renvoyer dans le corps d'un âne pesant et stupide, pour lui ôter sa souplesse, sa vivacité et sa malice. Mais elle fit tant de tours plaisants et badins, que l'inflexible roi des enfers ne put s'empêcher de rire et lui laissa le choix d'une condition : elle demanda à entrer dans le corps d'un perroquet. « Au moins, disait-elle, je conserverai par là quelque ressemblance avec les hommes que j'ai longtemps imités. Étant singe, je faisais des gestes comme eux; et étant perroquet, je parlerai avec eux dans les plus agréables conversations. » A peine l'âme du singe fut introduite dans ce nouveau métier, qu'une vieille femme causeuse l'accepta. Il fit ses délices; elle le mit dans une belle cage. Il faisait bonne chère, et discourait toute la journée avec la vieille radoteuse, qui ne parlait pas plus sensément que lui. Il joignait à son nouveau talent d'étourdir tout le monde, je ne sais quoi de son ancienne profession : il remuait sa tête ridiculement; il faisait craquer son bec; il agitait ses ailes de cent façons, et faisait de ses pattes plusieurs tours, qui sentaient encore les grimaces de fagotin [2]. La vieille prenait à toute heure ses lunettes pour l'admirer. Elle était bien fâchée d'être un peu sourde, et de perdre quelquefois des paroles de son perroquet, à qui elle trouvait plus d'esprit qu'à personne. Ce perroquet gâté devint bavard, importun et fou. Il se tourmenta si fort dans sa cage, et but tant de vin avec la vieille, qu'il en mourut. Le voilà revenu devant Pluton, qui voulut cette fois le faire passer dans le corps d'un poisson, pour le rendre muet. Mais il fit encore une farce devant le roi des ombres, et les princes ne résistent guère aux demandes des mauvais plaisants qui les flattent. Pluton accorda donc à celui-ci, qu'il irait dans le corps d'un homme. Mais comme le dieu eut honte de l'envoyer dans le corps d'un homme sage et vertueux, il le destina au corps d'un harangueur ennuyeux et importun, qui mentait, qui se vantait sans cesse, qui faisait des gestes ridicules, qui se moquait de tout le monde, qui interrompait toutes les conversations les plus polies et les plus solides, pour dire rien, ou les sottises les plus grossières. Mercure [3], qui le reconnut dans ce nouvel état, lui dit en riant : « Ho, ho ! je te reconnais, tu n'es qu'un composé du singe et du perroquet que j'ai vus autrefois. Qui t'ôterait tes gestes et tes paroles apprises par cœur sans jugement, ne laisserait rien de toi. D'un joli singe et d'un bon perroquet, on n'en fait qu'un sot homme. »

Oh ! combien d'hommes dans le monde, avec des gestes façonnés, un petit caquet et un air capable, n'ont ni sens ni conduite !

NOTES.

1 *Pluton*, dieu des Enfers, frère de Jupiter et de Neptune, était le troisième fils de Saturne et de Rhée. Il seconda Jupiter dans son entreprise contre Saturne, et dans sa guerre contre les Titans. Dans le partage de l'empire du monde, il obtint les régions infernales, et devint le dieu des funérailles et de la mort. Il eut pour femme Proserpine, fille de Cérès, qu'il surprit et enleva dans les plaines d'Enna en Sicile. On le représente avec une couronne d'ébène sur la tête, et monté sur un char traîné par des chevaux noirs; il tient des clefs dans une main, et dans l'autre un sceptre ou une fourche à deux pointes.

2 *Fagotin*, nom des singes habillés que l'on montre dans les parades, ou que l'on promène dans les rues. Au figuré, il se dit aussi des mauvais plaisants.

3 *Mercure*, fils de Jupiter et de Maïa, petit-fils d'Atlas, messager de Jupiter et des dieux, était né sur le mont Cyllène, en Arcadie; ce qui explique le nom de Cyllenius que lui donnent tous les poëtes. Il fut élevé par les Saisons. Mercure était le dieu de l'éloquence, du commerce et du vol, il présidait à tous les traités de paix et d'alliance; il était, en outre, chargé de conduire aux Enfers les âmes des morts, et de les ramener; et l'on ne pouvait mourir que lorsqu'il avait entièrement rompu les liens qui unissaient l'âme au corps. On le représente sous les traits d'un jeune homme beau de visage, d'une taille dégagée, tantôt nu, tantôt avec un manteau sur les épaules, qui ne le couvre qu'à demi. Il a sur la tête une espèce de bonnet, appelé *pétase*, et, à ses pieds, des ailes appelées *talonnières*. Il tient d'une main une bourse, emblème du commerce, et de l'autre, tantôt un rameau d'olivier, tantôt le *caducée*, auquel on attache aussi des ailes. On met près de lui une tortue, pour rappeler qu'il fut l'inventeur de la lyre, formée d'abord, dit-on, de l'écaille de la tortue; en latin, lyre et tortue s'expriment par le même mot, *testudo*. Apollon, en échange de cet instrument, lui avait donné une baguette : Mercure, rencontrant deux serpents qui se battaient, les sépara avec cette baguette autour de laquelle ils s'entrelacèrent, ce qui forma le caducée et en fit un symbole de paix. C'est avec cette baguette que Mercure conduit les âmes aux Enfers et les en fait sortir, et qu'il a le pouvoir d'amener sur les paupières des mortels le sommeil et les songes, et même de rappeler un mort à la vie.

XXVI

LES DEUX LIONCEAUX.

Deux lionceaux avaient été nourris ensemble dans la même forêt : ils étaient de même âge, de même taille, de mêmes forces. L'un fut pris dans de grands filets à une chasse du grand Mogol[1]; l'autre demeura dans des montagnes escarpées. Celui qu'on avait pris fut mené à la cour, où il vivait dans les délices. On lui donnait chaque jour une gazelle à manger : il n'avait qu'à dormir dans une loge, où on avait soin de le faire coucher mollement. Un eunuque blanc[2] avait soin de peigner deux fois par jour sa longue crinière dorée. Comme il était apprivoisé, le roi même le caressait souvent. Il était gras, poli, de bonne mine et magnifique ; car il portait un collier d'or, et on lui mettait aux oreilles des pendants garnis de perles et de diamants. Il méprisait tous les autres lions qui étaient dans les loges voisines, moins belles que la sienne, et qui n'étaient pas en faveur comme lui. Ces prospérités lui enflèrent le cœur : il crut être un grand personnage, puisqu'on le traitait si honorablement. La cour, où il brillait, lui donna le goût de l'ambition : il s'imaginait qu'il aurait été un héros, s'il eût habité les forêts. Un jour, comme on ne l'attachait plus à sa chaîne, il s'enfuit du palais et retourna

9

dans le pays où il avait été nourri. Alors le roi de toute la nation lionne venait de mourir, et on avait assemblé les États pour lui choisir un successeur. Parmi beaucoup de prétendants, il y en avait un qui effaçait tous les autres par sa fierté et par son audace : c'était cet autre lionceau qui n'avait point quitté les forêts. Pendant que son compagnon avait fait fortune à la cour, le solitaire avait souvent aiguisé son courage par une cruelle faim; il était accoutumé à ne se nourrir qu'au travers des plus grands périls et par des carnages. Il déchirait et troupeaux et berger : il était maigre, hérissé, hideux ; le feu et le sang sortaient de ses yeux. Il était léger, nerveux, accoutumé à grimper et à s'élancer ; intrépide contre les épieux et les dards. Les deux anciens compagnons demandèrent le combat, pour décider qui régnerait; mais une vieille lionne, sage et expérimentée, dont toute la république respectait les conseils, fut d'avis de mettre d'abord sur le trône celui qui avait étudié la politique à la cour. Bien des gens murmuraient, disant qu'elle voulait qu'on préférât un personnage vain et voluptueux à un guerrier qui avait appris dans la fatigue et dans les périls à soutenir les grandes affaires. Cependant l'autorité de la vieille lionne prévalut : on mit sur le trône le lion de la cour. D'abord il s'amollit dans les plaisirs; il n'aima que le faste; il usait de souplesse et de ruse pour cacher sa cruauté et sa tyrannie. Bientôt il fut haï, méprisé, détesté. Alors la vieille lionne dit : « Il est temps de le détrôner. Je savais bien qu'il était indigne d'être roi, mais je voulais que vous en eussiez un gâté par la mollesse et par la politique, pour vous mieux faire sentir ensuite le prix d'un autre qui a mérité la royauté par sa patience et par sa valeur. C'est maintenant qu'il faut les faire combattre l'un contre l'autre. » Aussitôt on les mit dans un champ clos, où les deux champions servirent de spectacle à l'assemblée; mais le spectacle ne fut pas long. Le lion amolli tremblait, et n'osait se présenter à l'autre; il fuit honteusement et se cache; l'autre le poursuit et lui insulte. Tous s'écrièrent : « Il faut l'égorger et le mettre en pièces. — Non, non, répondit-il; quand on a un ennemi si lâche, il y aurait de la lâcheté à le craindre. Je veux qu'il vive; il ne mérite pas de mourir. Je saurai bien régner sans m'embarrasser et le tenir soumis. » En effet, le vigoureux lion régna avec sagesse et autorité. L'autre fut très-content de lui faire bassement sa cour, d'obtenir de lui quelques morceaux de chair, et de passer sa vie dans une oisiveté honteuse [3].

NOTES.

1 Grand Mogol , empereur ou chef souverain des différents États qui composaient l'Hindoustan. Cette puissance a été renversée et détruite par les Anglais vers la fin du dernier siècle.

2 *Eunuque*, nom donné par les Orientaux à des esclaves chargés du service intérieur chez les princes et chez les grands. Ce sont des hommes de tous les pays , enlevés ou achetés dès leur bas âge; mais le plus souvent ils viennent d'Afrique et sont noirs.

3 Ce contraste entre deux éducations et cette différence dans les résultats étaient une leçon bien directe, et devaient faire une grande impression sur un jeune homme qui savait que le trône l'attendait.

XXVII

LES ABEILLES.

Un jeune prince, au retour des zéphyrs, lorsque toute la nature se ranime, se promenait dans un jardin délicieux. Il entendit un grand bruit, et aperçut une ruche d'abeilles. Il s'approcha de ce spectacle, qui était nouveau pour lui; il vit avec étonnement l'ordre, le soin et le travail de cette petite république. Les cellules commençaient à se former et à prendre une figure régulière. Une partie des abeilles les remplissaient de leur doux nectar; les autres apportaient des fleurs qu'elles avaient choisies entre toutes les richesses du printemps. L'oisiveté et la paresse étaient bannies de ce petit État; tout y était en mouvement, mais sans confusion et sans trouble. Les plus considérables d'entre les abeilles conduisaient les autres, qui obéissaient sans murmure et sans jalousie contre celles qui étaient au-dessus d'elles. Pendant que le jeune prince admirait cet objet, qu'il ne connaissait pas encore, une abeille, que toutes les autres reconnaissaient pour leur reine, s'approcha de lui, et lui dit: « La vue de notre ouvrage et de notre conduite vous réjouit; mais elle doit encore plus vous instruire. Nous ne souffrons point chez nous le désordre ni la licence; on n'est considérable parmi nous que par son travail, et par les talents qui peuvent être utiles à notre république. Le mérite est la seule voie qui élève aux premières places. Nous ne nous occupons nuit et jour qu'à des choses dont les hommes retirent toute l'utilité. Puissiez-vous être un jour comme nous, mettre dans le genre humain l'ordre que vous admirez chez nous! Vous travaillerez par là à son bonheur et au vôtre; vous remplirez la tâche que le destin vous a imposée; car vous ne serez au-dessus des autres que pour les protéger, que pour écarter les maux qui les menacent, que pour leur procurer tous les biens qu'ils ont droit d'attendre d'un gouvernement vigilant et paternel. »

NOTE.

1 Voy. I, note 18.

XXVIII

LE RENARD PUNI DE SA CURIOSITÉ.

Un renard des montagnes d'Aragon[1], ayant
vieilli dans la finesse, voulut donner ses derniers
jours à la curiosité. Il prit le dessein d'aller voir
en Castille[2] le fameux Escurial[3], qui est le palais
des rois d'Espagne[4], bâti par Philippe II[5]. En
arrivant, il fut surpris, car il était peu accoutumé
à la magnificence ; jusqu'alors il n'avait vu que
son terrier et le poulailler d'un fermier voisin, où
il était d'ordinaire assez mal reçu. Il voit là des
colonnes de marbre, là des portes d'or, des bas-
reliefs de diamant. Il entra dans plusieurs chambres dont les tapisseries étaient admirables : on
y voyait des chasses, des combats, des fables où
les dieux se jouaient parmi les hommes ; enfin,
l'histoire de Don Quichotte[6], où Sancho, monté
sur son grison, allait gouverner l'île[7] que le duc
lui avait confiée. Puis il aperçut des cages où l'on
avait renfermé des lions et des léopards. Pendant
que le renard regardait ces merveilles, deux chiens
du palais l'étranglèrent. Il se trouva mal de sa
curiosité.

NOTES.

[1] Province du nord de l'Espagne; sa capitale est Saragosse.

[2] Il y a en Espagne deux provinces de ce nom : la Nouvelle-Castille, qui a pour capitale Burgos ; et la Vieille-Castille, dont la capitale est Madrid, qui l'est aussi de tout le royaume.

[3] L'Escurial, vaste et magnifique palais, résidence des rois d'Espagne, à neuf lieues de Madrid, dans la province de Ségovie. Il fut bâti par Philippe II, en mémoire de la bataille de Saint-Quentin, gagnée sur les Français en 1557. Cet événement ayant eu lieu le jour de Saint-Laurent, ce prince voulut que le palais représentât un gril, instrument du martyre du saint. Quatre tours hautes de plus de quatre-vingts mètres figurent les quatre pieds; l'appartement du roi forme le manche, et les barreaux sont représentés par les onze cours carrées qui divisent l'intérieur. C'est dans les caveaux de l'Escurial que sont déposés les restes des rois d'Espagne.

[4] L'Espagne forme avec le Portugal une vaste presqu'île, située au sud-ouest de l'Europe, et séparée de la France par la chaîne des Pyrénées.

[5] Philippe II, roi d'Espagne, fils de Charles-Quint et d'Isabelle de Portugal, naquit en 1527, monta sur le trône en 1557, et mourut en 1598.

[6] *Don Quichotte*, admirable ouvrage de Michel Cervantes, qui a vécu pendant la seconde moitié du seizième siècle, et qui est mort dans l'indigence. C'est la critique fine et ingénieuse des romans de chevalerie, et l'une des plus étonnantes productions de l'esprit humain. — *Sancho Pança*, écuyer de don Quichotte, occupe dans le roman une place importante; et son *grison*, son âne, y joue aussi, comme le cheval du héros, *Rossinante*, un rôle fort intéressant.

[7] Ce gouvernement d'une île confié à Sancho est un des épisodes les plus comiques de l'ouvrage.

XXIX

LE LIÈVRE QUI FAIT LE BRAVE.

Un lièvre, honteux d'être poltron, cherchait quelque occasion de s'aguerrir. Il allait quelquefois, par un trou d'une haie, dans les choux du jardin d'un paysan, pour s'accoutumer au bruit du village. Souvent même il passait assez près de quelques mâtins, qui se contentaient d'aboyer après lui. Au retour de ces grandes expéditions, il se croyait plus redoutable qu'Alcide [1] après tous ses travaux. On dit même qu'il ne rentrait dans son gîte qu'avec des feuilles de laurier, et faisait l'ovation [2]. Il vantait ses prouesses à ses compères les lièvres voisins. Il représentait les dangers qu'il avait courus, les alarmes qu'il avait données aux ennemis, les ruses de guerre qu'il avait faites en expérimenté capitaine, et surtout son intrépidité héroïque. Chaque matin il remerciait Mars [3] et Bellone [4] de lui avoir donné des talents et un courage pour dompter toutes les nations à longues oreilles. Jean lapin, discourant un jour avec lui, lui dit d'un ton moqueur : « Mon ami, je te voudrais voir avec cette belle fierté au milieu d'une meute de chiens courants. Hercule [5] fuirait bien vite, et ferait une laide contenance. — Moi, répondit notre preux chevalier, je ne reculerais pas, quand toute la gent chienne viendrait m'attaquer. » A peine eut-il parlé, qu'il entendit un petit tourne-broche [6] d'un fermier voisin, qui glapissait dans les buissons assez loin de lui. Aussitôt il tremble, il frissonne, il a la fièvre ; ses yeux se troublent comme ceux de Pâris [7] quand il vit Mélélas [8] qui venait ardemment contre lui [9]. Il se précipite d'un rocher escarpé dans une profonde vallée, où il pensa se noyer dans un ruisseau. Jean lapin, le voyant faire le saut, s'écria de son terrier : « Le voilà ce foudre de guerre ! le voilà cet Hercule qui doit purger la terre de tous les monstres dont elle est pleine ! »

NOTES.

[1] *Alcide*, nom poétique donné souvent à Hercule, soit à cause d'Alcée, son grand-père, soit parce que ce nom, en grec, signifie force.

[2] *Faisait l'ovation*, c'est-à-dire triomphait, célébrait sa victoire. L'ovation, chez les Romains, était le petit triomphe, et consistait dans les honneurs accordés à ceux qui avaient remporté la victoire sans grande perte pour les ennemis et sans terminer la guerre, ou qui n'avaient vaincu que des ennemis de peu d'importance. On n'immolait dans ces occasions que des brebis, comme l'indique le mot *ovation*, formé du latin *ovis*, brebis.

[3] Voy. IX, note 11.

[4] Bellone, déesse de la guerre, fille de Phorcys et de Céto,

préparait le char de Mars quand il allait au combat. On la représentait les cheveux épars, tenant une torche d'une main, et de l'autre un fouet dont elle se servait pour animer les combattants.

5 Voy. X, note 13.

6 On donnait autrefois le nom de *tourne-broche* à des chiens qu'on mettait dans une roue pour faire tourner la broche.

7 Pâris était fils de Priam, roi de Troie, et d'Hécube, si célèbre par ses infortunes. Dans un voyage qu'il fit en Grèce pour recueillir la succession de sa tante Hésione, il enleva Hélène, femme de Ménélas, et devint ainsi la cause de cette guerre de Troie, si funeste à sa famille. Il tua par trahison Achille, au moment où ce prince allait épouser sa sœur Polyxène; et lui-même mourut quelque temps après, d'une blessure que lui avait faite Philoctète en lui lançant une des flèches d'Hercule.

8 Ménélas, roi de Sparte, frère d'Agamemnon, et mari de cette fameuse Hélène qui fut cause de tant de malheurs.

9 Cette comparaison est prise d'un épisode du troisième chant de l'Iliade, dans lequel Homère représente Pâris frappé de terreur à la vue de Ménélas, et cherchant dans les rangs de ses compagnons un refuge contre un ennemi furieux.

XXX

LE PIGEON PUNI DE SON INQUIÉTUDE.

Deux pigeons vivaient ensemble dans un colombier avec une paix profonde. Ils fendaient
l'air de leurs ailes, qui paraissaient immobiles
par leur rapidité. Ils se jouaient en volant l'un
auprès de l'autre, se fuyant et se poursuivant
tour à tour. Puis ils allaient chercher du grain
dans l'aire du fermier ou dans les prairies voisines. Aussitôt ils allaient se désaltérer dans
l'onde pure d'un ruisseau qui coulait au travers
de ces prés fleuris. De là, ils revenaient voir leurs
pénates dans le colombier blanchi et plein de petits trous ; ils y passaient le temps dans une
douce société avec leurs fidèles compagnes. Leurs
cœurs étaient tendres ; le plumage de leurs cous
était changeant, et peint d'un plus grand nombre de couleurs que l'inconstante Iris. On entendait le doux murmure de ces heureux pigeons,
et leur vie était délicieuse. L'un d'eux, se dé-
goûtant des plaisirs d'une vie paisible, se laissa
séduire par une folle ambition, et livra son esprit
aux projets de la politique. Le voilà qui abandonne son ancien ami ; il part, il va du côté du
Levant [1]. Il passe au-dessus de la mer Méditerranée [2], et vogue avec ses ailes dans les airs,
comme un navire avec ses voiles dans les ondes

de Téthys[3]. Il arrive à Alexandrie[4] ; de là il continue son chemin, traversant les terres jusqu'à Alep[5]. En y arrivant, il salue les autres pigeons de la contrée, qui servent de courriers réglés, et il envie leur bonheur. Aussitôt il se répand parmi eux un bruit, qu'il est venu un étranger de leur nation qui a traversé des pays immenses. Il est mis au rang des courriers ; il porte toutes les semaines des lettres d'un bacha[6], attachées à son pied, et il fait vingt-huit lieues en moins d'une journée. Il est orgueilleux de porter les secrets de l'État, et il a pitié de son ancien compagnon qui vit sans gloire dans les trous de son colombier. Mais un jour, comme il portait des lettres du bacha, soupçonné d'infidélité par le Grand Seigneur[7], on voulut découvrir par les lettres de ce bacha s'il n'avait point quelque intelligence secrète avec les officiers du roi de Perse[8] : une flèche tirée perce le pauvre pigeon, qui, d'une aile traînante, se soutient encore un peu pendant que son sang coule. Enfin il tombe, et les ténèbres de la mort couvrent déjà ses yeux : pendant qu'on lui ôte les lettres pour les lire, il expire plein de douleur, condamnant sa vaine ambition, et regrettant le doux repos de son colombier, où il pouvait vivre en sûreté avec son ami[9].

NOTES.

¹ Le *Levant* est au propre la partie du monde où le soleil se
lève, l'*orient*. Ordinairement, et dans cet endroit, il se dit
des contrées qui sont sous la domination des Turcs, et de
l'orient des Indes.

² *Méditerranée*, ou mer intérieure, nom qu'elle portait autrefois, vaste mer au midi de l'Europe, qu'elle sépare de l'A-
frique.

³ Voy. X, note 6.

⁴ *Alexandrie*, grande ville de la Basse-Égypte, tire son nom
d'Alexandre le Grand, son fondateur. Elle fut longtemps, après
Rome et avant Constantinople, la première ville du monde
pour les lettres, les sciences et les arts. Sa bibliothèque, le
plus riche dépôt des lumières et des connaissances de l'antiquité, fut brûlée en 640 par Amrou, général des Sarrasins,
aveugle exécuteur des ordres du barbare Omar. Il ne reste de
la fondation d'Alexandrie, de la ville des Ptolémées, que des
ruines immenses et majestueuses qui contrastent péniblement
avec les constructions mesquines de la ville moderne. On y
remarque pourtant un beau palais et de vastes chantiers, qu'a
fait construire le pacha Méhémet-Ali, et c'est encore, comme
entrepôt commercial, une ville très-importante : mais malgré les efforts de l'héroïque vieillard qui gouvernait l'Égypte,
elle est bien loin, et pour longtemps encore, d'occuper dans
la civilisation moderne le rang que lui avaient donné les successeurs du conquérant macédonien.

⁵ Alep, ville considérable de la Syrie, et l'une des plus com-
merçantes de la Turquie d'Asie, a été presque entièrement
ruinée en 1822 par un tremblement de terre survenu après une
horrible peste. Sa population est d'environ 150,000 habitants.

⁶ *Bacha*, qu'on écrit souvent et le plus ordinairement *pacha*,
est un titre d'honneur donné en Turquie aux chefs des armées,
aux gouverneurs des provinces, et à d'autres personnes considérables, même sans gouvernement.

7 Le *Grand-Seigneur* est un des titres que l'on donne au chef des musulmans, residant à Constantinople.

8 Voy. IV, note 1.

9 Cette charmante fable nous reporte naturellement au tableau si touchant et si connu des *Deux Pigeons* de La Fontaine (liv. IX, fable 2). Deux hommes de génie comme Fénelon et La Fontaine n'ont rien à craindre d'aucune comparaison, et nos lecteurs ont beaucoup à gagner à ce rapprochement; ils y verront comment deux esprits du premier ordre peuvent se rencontrer sur le même terrain et reproduire les mêmes idées sans cesser d'être originaux.

XXXI

L'ABEILLE ET LA MOUCHE.

Un jour une abeille aperçut une mouche auprès de sa ruche. « Que viens-tu faire ici? lui dit-elle d'un ton furieux. Vraiment, c'est bien à toi, vil animal, de te mêler avec les reines de l'air! — Tu as raison, répondit froidement la mouche; on a toujours tort de s'approcher d'une nation aussi fougueuse que la vôtre. — Rien n'est plus sage que nous, dit l'abeille; nous seules avons des lois et une république bien policée; nous ne cueillons que des fleurs odoriférantes; nous ne faisons que du miel délicieux qui égale le nectar. Ote-toi de ma présence, vilaine mouche importune, qui ne fais que bourdonner et chercher ta vie sur les ordures. — Nous vivons comme nous pouvons, répondit la mouche; la pauvreté n'est pas un vice, mais la colère en est un grand. Vous faites du miel qui est doux, mais votre cœur est toujours amer; vous êtes sages dans vos lois, mais emportées dans votre conduite. Votre colère, qui pique vos ennemis, vous donne la mort, et votre folle cruauté vous fait plus de mal qu'à personne. Il vaut mieux avoir des qualités moins éclatantes avec plus de modération. »

XXXII

LES ABEILLES ET LES VERS A SOIE.

Un jour les abeilles montèrent jusque dans l'Olympe[1], au pied du trône de Jupiter[2], pour le prier d'avoir égard au soin qu'elles avaient pris de son enfance, quand elles le nourrirent de leur miel sur le mont Ida[3]. Jupiter voulut leur accorder les premiers honneurs entre tous les petits animaux. Minerve[4], qui préside aux arts, lui représenta qu'il y avait une autre espèce qui disputait aux abeilles la gloire des inventions utiles. Jupiter voulut en savoir le nom. « Ce sont les vers à soie, » répondit-elle. Aussitôt le père des dieux ordonna à Mercure[5] de faire venir, sur les ailes des doux zéphyrs, des députés de ce petit peuple, afin qu'on pût entendre les raisons des deux parties. L'abeille ambassadrice de sa nation représenta la douceur du miel, qui est le nectar des hommes, son utilité, l'artifice avec lequel il est composé ; puis elle vanta la sagesse des lois qui policent la république volante des abeilles. « Nulle autre espèce d'animaux, disait l'orateur, n'a cette gloire, et c'est une récompense d'avoir nourri dans un antre le père des dieux. De plus, nous avons en partage la valeur guerrière, quand notre roi anime nos troupes dans les combats. Comment est-ce que ces vers,

insectes vils et méprisables, oseraient nous disputer le premier rang ? Ils ne savent que ram-
per, pendant que nous prenons un noble essor,
et que de nos ailes dorées nous montons jusque
vers les astres. » Le harangueur des vers à soie
répondit : « Nous ne sommes que de petits vers,
et nous n'avons ni ce grand courage pour la
guerre ni ces sages lois; mais chacun de nous
montre les merveilles de la nature, et se con-
sume dans un travail utile. Sans lois, nous vivons en paix, et on ne voit jamais de guerres
civiles chez nous, pendant que les abeilles s'en-
tre-tuent à chaque changement de roi. Nous avons
la vertu de Protée [6] pour changer de forme. Tantôt nous sommes de petits vers, composés de
onze petits anneaux entrelacés avec la variété
des plus vives couleurs qu'on admire dans les
fleurs d'un parterre. Ensuite nous filons de quoi
vêtir les hommes les plus magnifiques, jusque
sur le trône, et de quoi orner les temples des
dieux. Cette parure si belle et si durable vaut bien
du miel, qui se corrompt bientôt. Enfin, nous
nous transformons en fève, mais en fève qui
sent, qui se meut, et qui montre toujours de la
vie. Après ces prodiges, nous devenons tout à
coup des papillons avec l'éclat des plus riches
couleurs. C'est alors que nous ne cédons plus aux
abeilles pour nous élever d'un vol hardi jusque
vers l'Olympe. Jugez maintenant, ô père des
dieux ! » Jupiter, embarrassé pour la décision,
déclara enfin que les abeilles tiendraient le premier rang, à cause des droits qu'elles avaient acquis depuis les anciens temps. « Quel moyen,

dit-il, de les dégrader? je leur ai trop d'obligation; mais je crois que les hommes doivent encore plus aux vers à soie. »

NOTES.

1 Voy. X, note 9.

2 *Jupiter*, fils de Saturne et de Rhée, époux de Junon, et le plus grand des dieux, s'empara du ciel dont il déposséda son père, Saturne. Pour affermir sa puissance, il dut combattre les dieux révoltés contre lui, et les Titans, fils de son oncle. Il triompha dans les deux luttes, grâce à Bacchus qui lui resta fidèle, et surtout aux foudres que lui forgea Vulcain. On le représente sous la figure d'un homme majestueux, avec une longue barbe, tenant d'une main la foudre, et de l'autre une Victoire, assis sur son trône, ayant devant lui un aigle aux ailes déployées.

3 *Ida*, montagne de l'île de Crète, sur laquelle Jupiter fut élevé par des prêtres, nommés *Corybantes*.

4 Voy. II, note 2.

5 Voy. XXV, note 3.

6 Voy. XVI, note 9.

XXXIII

LE HIBOU.

Un jeune hibou qui s'était vu dans une fontaine, et qui se trouvait plus beau, je ne dirai pas que le jour, car il le trouvait fort désagréable, mais que la nuit, qui avait de grands charmes pour lui, disait en lui-même : « J'ai sacrifié aux Grâces [1] ; Vénus [2] a mis sur moi sa ceinture [3] dans ma naissance ; les tendres amours, accompagnés des jeux et des ris, voltigent autour de moi pour me caresser. Il est temps que le blond Hyménée [4] me donne des enfants gracieux comme moi ; ils seront l'ornement des bocages et les délices de la nuit. Quel dommage que la race des plus parfaits oiseaux se perdît ! Heureuse l'épouse qui passera sa vie à me voir ! » Dans cette pensée, il envoie la corneille demander la petite aiglonne, fille de l'aigle, roi des airs. La corneille avait peine à se charger de cette ambassade. « Je serai mal reçue, disait-elle, de proposer un mariage si mal assorti. Quoi ! l'aigle, qui ose regarder fixement le soleil, se marierait avec vous, qui ne sauriez seulement ouvrir les yeux tandis qu'il est jour ? c'est le moyen que les deux époux ne soient jamais ensemble : l'un sortira le jour et l'autre la nuit. » Le hibou, vain et amoureux de lui-même, n'écouta rien. La corneille, pour le contenter, alla enfin demander l'aiglonne. On se moqua de sa folle demande. L'aigle lui répondit : « Si le hibou veut être mon gendre, qu'il vienne après le lever du soleil me saluer au milieu de l'air. » Le hibou présomptueux voulut y aller. Ses yeux furent d'abord éblouis. Il fut aveuglé par les rayons du soleil, et tomba du haut de l'air sur un rocher. Tous les oiseaux se jetèrent sur lui et lui arrachèrent ses plumes. Il fut trop heureux de se cacher dans son trou, et d'épouser la chouette, qui fut une digne dame du lieu. Leur hymen fut célébré la nuit, et ils se trouvèrent l'un et l'autre très-beaux et très-agréables. Il ne faut rien chercher au-dessus de soi, ni se flatter sur ses avantages.

NOTES.

1 Voy. V, note 2.

2 Voy. XIII, note 7.

3 Homère, et après lui tous les poëtes, ont donné à Vénus, déesse de la beauté, une ceinture à laquelle ils supposent que sont réunis tous les dons qui charment et séduisent invinciblement.

4 Hyménée, divinité allégorique, était chez les anciens le dieu du mariage, fils de Bacchus et de Vénus, ou d'Apollon et d'une muse. On le représentait sous la figure d'un jeune homme couronné de fleurs, surtout de marjolaine et de roses, tenant de la main droite un flambeau, et de la gauche un voile couleur de feu.

XXXIV

LE BERGER CLÉODULE ET LA BERGÈRE PHIDILE.

Un berger rêveur menait son troupeau sur les rives fleuries du fleuve Achéloüs[1]. Les faunes et les satyres[2], cachés dans les bocages voisins, dansaient sur l'herbe au doux son de sa flûte. Les naïades[3], cachées dans les ondes du fleuve, levèrent leurs têtes au-dessus des roseaux pour écouter ses chansons. Achéloüs lui-même, appuyé sur une urne penchée, montra son front où il ne restait plus qu'une corne depuis son combat avec le grand Hercule · et cette mélodie suspendit pour un peu de temps les peines de ce dieu vaincu. Le berger était peu touché de voir ces naïades qui l'admiraient; il ne pensait qu'à la bergère Phidile, simple, naïve, sans aucune parure, à qui la fortune ne donna jamais d'éclat emprunté, et que les Grâces[4] seules avaient ornée et embellie de leurs propres mains. Elle sortait de son village, ne songeant qu'à faire paître ses moutons. Elle seule ignorait sa beauté. Toutes les autres bergères en étaient jalouses. Le berger l'aimait et n'osait le lui dire. Ce qu'il aimait le plus en elle, c'était cette vertu simple et sévère qui écartait les amants, et qui fait le vrai charme de la beauté. Mais la passion ingénieuse fait trouver l'art de représenter ce qu'on n'oserait dire ouvertement. Il finit donc toutes ses chansons les plus agréables, pour en commencer une qui pût toucher le cœur de cette bergère. Il savait qu'elle aimait la vertu des héros qui ont acquis de la gloire dans les combats. Il chanta, sous un nom supposé, ses propres aventures ; car en ce temps les héros mêmes étaient bergers, et ne méprisaient point la houlette. Il chanta donc ainsi : « Quand Polynice[5] alla assiéger la ville de Thèbes, pour renverser du trône son frère Étéocle, tous les rois de la Grèce parurent sous les armes, et poussaient leurs chariots contre les assiégés. Adraste [6], beau-père de Polynice, abattait les troupes de soldats et les capitaines, comme un moissonneur de sa faux tranchante coupe les moissons. D'un autre côté le devin Amphiaraüs [7], qui avait prévu son malheur, s'avançait dans la mêlée, et fut tout à coup englouti par la terre, qui ouvrit ses abîmes pour le précipiter dans les sombres rives de Styx [8]. En tombant, il pleurait son infortune d'avoir eu une femme infidèle. Assez près de là, on voyait les deux frères, fils d'Œdipe [9], qui s'attaquaient avec fureur. Comme un léopard et un tigre qui s'entre-déchirent dans les rochers du Caucase [10], ils se roulaient tous deux dans le sable ; chacun paraissait altéré du sang de son frère. Pendant cet horrible spectacle, Cléobule, qui avait suivi Polynice, combattit contre un vaillant Thébain que le dieu Mars [11] rendait presque invincible. La flèche du Thébain, conduite par le dieu, aurait percé le cou de Cléobule, qui se détourna promptement : aussitôt Cléobule lui enfonça son dard jusqu'au fond des

entrailles. Le sang du Thébain ruisselle; ses
yeux s'éteignent; sa bonne mine et sa fierté
le quittent; la mort efface ses beaux traits :
sa jeune épouse, du haut de la tour, le vit
mourant, et eut le cœur percé d'une douleur
inconsolable. Dans son malheur, je le trouve heureux d'avoir été aimé et plaint : je mourrais
comme lui avec plaisir, pourvu que je pusse être
aimé de même. A quoi servent la valeur et la
gloire des plus fameux combats ? A quoi servent
la jeunesse et la beauté, quand on ne peut ni
plaire ni toucher ce qu'on aime ? » La bergère,
qui avait prêté l'oreille à une si tendre chanson,
comprit que ce berger était Cléobule, vainqueur
du Thébain. Elle devint sensible à la gloire qu'il
avait acquise, aux grâces qui brillaient en lui,
et aux maux qu'il souffrait pour elle. Elle lui
donna sa main et sa foi. Un heureux hymen les
joignit. Bientôt leur bonheur fut envié des bergers d'alentour et des divinités champêtres. Ils
égalèrent par leur union, par leur vie innocente,
par leurs plaisirs rustiques, jusque dans une extrême vieillesse, la douce destinée de Philémon
et de Baucis [12].

NOTES.

1 *Achéloüs*, fleuve de l'Acarnanie, qui prend sa source au sommet du Pinde, et se jette dans la mer Ionienne. Les anciens en ont fait un dieu qui osa disputer Déjanire à Hercule. Vaincu dans une première lutte, il prit la forme d'un serpent, et fut encore défait; celle de taureau ne lui fut pas plus favorable : Hercule lui arracha une de ses cornes, qui devint la *corne d'abondance*. (Voy. XVIII, note 11.)

2 Voy. II, note 7.

3 Voy. XII, note 7.

4 Voy. V, note 2.

5 *Polynice*, fils d'OEdipe et de Jocaste, était convenu avec son frère Étéocle, après la mort de leur père, qu'ils occuperaient alternativement le trône, chacun l'espace d'une année. Étéocle, qui régna le premier, ayant refusé, au bout d'un an, de remplir cette condition, Polynice vint mettre le siége devant Thèbes, accompagné de six princes illustres de la Grèce, ce qui fit donner à cette guerre le nom de guerre des *sept chefs*. Presque tous y périrent; Polynice lui-même y fut tué de la main de son frère, qu'il venait de blesser mortellement. Son corps ayant été livré aux oiseaux pour leur servir de proie parce qu'il avait attiré les étrangers dans sa patrie, ce fut sa sœur Antigone qui, au péril de sa vie, lui rendit les honneurs funèbres.

6 Adraste, roi d'Argos, dont Polynice avait épousé la fille, ayant survécu à la désastreuse expédition des *sept chefs*, parvint avec beaucoup de peine, et par le secours de Thésée, à rentrer dans ses Etats. Il leva une nouvelle armée qu'il envoya contre Thèbes, sous le commandement des fils de ceux qui avaient péri. Cette seconde guerre, nommée guerre des *Épigones (descendants)*, fut plus heureuse que la première : les Thébains furent vaincus. Mais Adraste y perdit son fils Egialée, et le malheureux père en mourut de douleur.

7 *Amphiaraüs*, fameux devin que l'on disait fils d'Apollon et d'Hypermnestre, avait épousé Eriphyle, sœur d'Adraste dont

on vient de parler. Il prit part à la chasse de Calydon, et est mis au nombre des Argonautes. Il s'était caché pour ne pas faire partie de l'expédition des sept chefs, où sa science de l'avenir lui avait appris qu'il trouverait la mort ; mais sa femme Eriphyle, séduite par la promesse d'un collier de diamants, découvrit sa retraite, et il fut obligé de partir. Il périt en effet, et, à la nouvelle de sa mort, un de ses fils, nommé Alcméon, poignarda Eriphyle, comme il en avait reçu l'ordre. Les Oropiens, peuple de l'Attique honorèrent Amphiaraüs, comme un dieu, et lui bâtirent un temple.

8 *Styx*, petite rivière de l'Arcadie septentrionale, dont les eaux étaient si froides, qu'elles donnaient la mort à ceux qui en buvaient, et qu'elles dissolvaient le fer et tous les vases où on les enfermait. Leurs propriétés malfaisantes firent croire que cette rivière était un des fleuves du Tartare. Ce qui confirmait cette opinion, c'est qu'elle disparaissait sous terre assez près de sa source. Elle faisait neuf fois le tour des Enfers. Selon la mythologie, Styx était fille de l'Océan et de Téthys, et avait eu de son union avec le géant Pallas trois filles, la Valeur, la Force et la Victoire. Elle vint la première au secours de Jupiter attaqué par les Titans. Ce dernier, pour la récompenser, en fit la déesse du principal fleuve des Enfers, et ordonna que désormais les dieux jureraient par le nom de Styx, et que ce serment serait le plus inviolable de tous. On représentait le Styx sous la figure d'une femme vêtue de noir et appuyée sur une citerne dont l'eau s'échappait lentement.

9 OEdipe, fils de Laïus, roi de Thèbes et chef d'une famille aussi célèbre que celle des Atrides par ses crimes et ses malheurs, fut un exemple mémorable de cette fatalité à laquelle croyaient les anciens, et qui entraînait irrésistiblement les mortels à de grands crimes involontaires, et les précipitait dans un abîme de malheurs non mérités. Dès qu'il fut né, Laïus, à qui l'on avait prédit qu'il serait tué par son fils, ordonna qu'on le fît périr, mais la reine se contenta de l'exposer. On le porta sur le mont Cythéron, où on le suspendit à un arbre. Recueilli par Phorbas, berger de Polybe, roi de Corinthe, il fut emporté chez ce prince, qui, n'ayant pas d'enfants, l'adopta et l'éleva comme son fils et son héritier. Lorsqu'il fut devenu grand, un oracle lui prédit qu'il serait le meurtrier de son père et l'époux de sa mère. Pour échapper à cette horrible destinée, il s'éloigna de Corinthe. Mais en traversant la Pho-

cide, il rencontra dans un chemin étroit Laïus, qui lui disputa le passage, et il le tua involontairement et sans le connaître. Plus tard, ayant délivré Thèbes d'un monstre qui désolait la contrée, il obtint en récompense le trône avec la main de Jocaste, veuve de Laïus et sa mère, dont il eut deux fils, Etéocle et Polynice, et deux filles, Antigone et Isménie. Ce ne fut que longtemps après, et au milieu des calamités publiques suscitées par la colère divine, qu'OEdipe connut enfin la vérité. Pénétré d'horreur, il s'arracha les yeux de désespoir, comme étant indigne de voir le jour, et, maudit par son peuple, repoussé par ses fils eux-mêmes, accompagné de la seule Antigone, qui lui servait de guide, il sortit de Thèbes, et se rendit dans l'Attique, au bourg de Colone, dans un bois consacré aux Euménides. Dès qu'il y fut arrivé, la terre s'entr'ouvrit sous ses pas, et il fut englouti.

10 *Caucase*, montagne très-élevée, entre la mer Caspienne et le Pont Euxin, et au sommet de laquelle Prométhée fut enchaîné par les ordres de Jupiter, et déchiré par un aigle.

11 Voy. IX, note 11.

12 Nous ne dirons point à nos jeunes lecteurs ce qu'étaient *Philémon et Baucis ;* nous les inviterons seulement à le demander à notre La Fontaine, qui le leur dira bien mieux que nous. Il a écrit, d'après Ovide, l'histoire des deux vieillards de Phrygie, et, sans rester au-dessous de la riche et brillante poésie de l'auteur latin, il a su y joindre la grâce, le naturel et la naïveté qui ne l'abandonnent jamais.

XXXV

CHROMIS ET MNASYLE.

Chr. Ce bocage a une fraîcheur délicieuse :
les arbres en sont grands, le feuillage épais,
les allées sombres ; on n'y entend d'autre bruit
que celui des rossignols, qui chantent leurs
amours.

Mnas. Il y a ici des beautés encore plus tou-
chantes.

Chr. Quoi donc? veux-tu parler de ces sta-
tues? Je ne les trouve guère jolies. En voilà une
qui a l'air bien grossier.

Mnas. Elle représente un Faune[1] ; mais n'en
parlons pas, car tu connais un de nos bergers
qui en a déjà dit tout ce que l'on en peut dire.

Chr. Quoi donc ? est-ce cet autre qui est pen-
ché au-dessus de la fontaine?

Mnas. Non, je n'en parle point; le berger Ly-
cidas l'a chanté sur sa flûte, et je n'ai garde d'en-
treprendre de le louer après lui.

Chr. Quoi donc? cette statue qui représente
une jeune femme?

Mnas. Oui. Elle n'a point cet air rustique des
deux autres ; aussi est-ce une plus grande divinité, C'est Pomone[2], ou au moins une Nymphe.

Elle tient d'une main une corne d'abondance pleine de tous les doux fruits de l'automne; de l'autre, elle porte un vase d'où tombent en confusion des pièces de monnaie. Ainsi, elle tient en même temps les fruits de la terre, qui sont les richesses de la simple nature, et les trésors auxquels l'art des hommes donne un si haut prix.

CHR. Elle a la tête un peu penchée, pourquoi cela ?

MNAS. Il est vrai. C'est que toutes figures faites pour être posées en des lieux élevés, et pour êtres vues d'en bas, sont mieux au point de vue quand elles sont un peu penchées vers les spectateurs.

CHR. Mais quelle est donc cette coiffure? Elle est inconnue à nos bergères.

MNAS. Elle est pourtant très-négligée, et elle n'en est pas moins gracieuse. Ce sont des cheveux bien partagés sur le front, qui pendent un peu sur les côtés, avec une frisure naturelle, et qui se nouent par derrière.

CHR. Et cet habit, pourquoi tant de plis?

MNAS. C'est un habit qui a le même air de négligence ; il est attaché par une ceinture, afin que la nymphe puisse aller plus commodément dans les bois ; ces plis flottants font une draperie plus agréable que des habits étroits et façonnés. La main de l'ouvrier semble avoir amolli le marbre pour faire des plis si délicats ; vous voyez même le nu sous cette draperie. Ainsi, vous trouvez tout ensemble la tendresse de la chair avec la variété des plis de la draperie.

Chr. Ho, ho, te voilà bien savant! Mais puisque tu sais tout, dis-moi : cette corne d'abondance, est-ce celle du fleuve Achéloüs[3], arrachée par Hercule, ou bien celle de la chèvre Amalthée, nourrice de Jupiter sur le mont Ida[4]?

Mnas. Cette question est encore à décider; cependant je cours à mon troupeau. Bonjour.

NOTES.

[1] Voy. II, note 7.

[2] Voy. I, note 31.

[3] Voy. XVIII, note 11, et XXXIV, note 1.

[4] Voy. XXXII, notes 2 et 3.

XXXVI

HISTOIRE DE LA REINE GISÈLE ET DE LA FÉE CORYSANTE.

Il était une fois une reine nommée Gisèle, qui avait beaucoup d'esprit et un grand royaume. Son palais était tout de marbre, le toit était d'argent, tous les meubles qui sont ailleurs de fer ou de cuivre étaient couverts de diamants. Cette reine était fée, et elle n'avait qu'à faire des souhaits ; aussitôt tout ce qu'elle voulait ne manquait pas d'arriver. Il n'y avait qu'un seul point qui ne dépendait pas d'elle : c'est qu'elle avait cent ans, et ne pouvait se rajeunir. Elle avait été plus belle que le jour, et elle était devenue si laide et si horrible, que les gens même qui venaient lui faire la cour cherchaient, en lui parlant, des prétextes pour tourner la tête, de peur de la regarder. Elle était toute courbée, tremblante, boiteuse, ridée, crasseuse, chassieuse, toussant et crachant toute la journée avec une saleté qui faisait bondir le cœur. Elle était borgne et presque aveugle ; ses yeux de travers avaient une bordure écarlate ; enfin elle avait une barbe grise au menton. En cet état, elle ne pouvait se regarder elle-même, et elle avait fait casser tous les miroirs de son palais. Elle n'y pouvait souffrir aucune jeune personne d'une figure raisonnable. Elle ne se faisait servir que par des gens borgnes, bossus, boiteux et estropiés.

Un jour, on présenta à la reine une jeune fille de quinze ans, d'une merveilleuse beauté, nommée Corysante. D'abord elle se récria : Qu'on ôte cet objet de devant mes yeux ! Mais la mère de cette jeune fille lui dit : Madame, ma fille est fée, et elle a le pouvoir de vous donner en un moment toute sa jeunesse et toute sa beauté. La reine détournant les yeux, répondit : Eh bien ! que faut-il lui donner en récompense ? Tous vos trésors et votre couronne même, lui répondit la mère. C'est de quoi je ne me dépouillerai jamais, s'écria la reine ; j'aime mieux mourir. Cette offre ayant été rebutée, la reine tomba malade d'une maladie qui la rendait si puante et si infecte, que ses femmes n'osaient approcher d'elle pour la servir, et que ses médecins jugèrent qu'elle mourrait dans peu de jours. Dans cette extrémité, elle envoya chercher la jeune fille, et la pria de prendre sa couronne et tous ses trésors, pour lui donner sa jeunesse avec sa beauté. La jeune fille lui dit : Si je prends votre couronne et vos trésors, en vous donnant ma beauté et mon âge, je deviendrai tout à coup vieille et difforme comme vous. Vous n'avez pas voulu d'abord faire ce marché, et moi, j'hésite à mon tour pour savoir si je dois le faire. La reine la pressa beaucoup ; et comme la jeune fille sans expérience était fort ambitieuse, elle se laissa toucher au plaisir d'être reine. Le marché fut conclu. En un moment, Gisèle se redressa, et sa taille devint majestueuse ; son teint prit les plus belles couleurs, ses yeux parurent vifs, la fleur de la jeunesse se répandit sur son visage, elle charma toute l'assemblée. Mais il fallut qu'elle se retirât dans un village, et sous une cabane, étant couverte de haillons. Corysante, au contraire, perdit tous ses agréments, et devint hideuse. Elle demeura dans ce superbe palais, et commanda en reine. Dès qu'elle se vit dans un miroir, elle soupira, et dit qu'on n'en présentât jamais aucun devant elle. Elle chercha à se consoler par ses trésors ; mais son or et ses pierreries ne l'empêchaient point de souffrir tous les maux de la vieillesse. Elle voulait danser, comme elle était accoutumée à le faire avec ses compagnes, dans des prés fleuris, à l'ombre des bocages ; mais elle ne pouvait plus se soutenir qu'avec un bâton. Elle voulait faire des festins ; mais elle était si languissante et si dégoûtée, que les mets les plus délicieux lui faisaient mal au cœur. Elle n'avait même aucune dent, et ne pouvait se nourrir que d'un peu de bouillie. Elle voulait entendre des concerts de musique ; mais elle était sourde. Alors elle regretta sa jeunesse et sa beauté, qu'elle avait follement quittées pour une couronne et pour des trésors dont elle ne pouvait se servir. De plus, elle qui avait été bergère et qui était accoutumée à passer les jours à chanter en conduisant ses moutons, elle était à tout moment importunée des affaires difficiles qu'elle ne pouvait point régler. D'un autre côté, Gisèle, accoutumée à régner, à posséder tous les plus grands biens, avait déjà oublié les incommodités de la vieillesse ; elle était inconsolable de se voir si pauvre. Quoi ! disait-elle, serai-je toujours couverte de haillons ? A quoi me sert toute ma beauté sous cet habit crasseux et déchiré ? A quoi me sert-il d'être belle, pour n'être vue que dans un village par des gens si grossiers ? On me méprise ; je suis réduite à servir et à conduire des bêtes. Hélas ! j'étais reine ; je suis bien malheureuse d'avoir quitté ma couronne et tant de trésors ! Oh ! si je pouvais les ravoir ! Il est vrai que je mourrais bientôt ; eh bien ! les autres reines ne meurent-elles pas ? Ne faut-il pas avoir le courage de souffrir et de mourir, plutôt que de faire une bassesse pour devenir jeune ? Corysante sent que Gisèle regrette son premier état, et lui dit qu'en qualité de fée elle pouvait faire un second échange. Chacune reprit son premier etat. Gisèle redevint reine, mais vieille et horrible ; Corysante reprit ses charmes et la pauvreté de bergère. Bientôt Gisèle, accablée de maux, s'en repentit, et déplora son aveuglement ; mais Corysante, qu'elle pressait de changer encore, lui répondit : J'ai maintenant éprouvé les deux conditions : j'aime mieux être jeune et manger du pain noir, et chanter tous les jours en gardant mes moutons, que d'être reine comme vous dans le chagrin et dans la douleur.

NOTE.

1 Notre respect et notre admiration pour Fénelon ne nous empêcheront pas de renouveler ici la remarque que nous avons faite à l'occasion d'un autre passage de ces fables. (Voy. VIII, note 2. Ce tableau est repoussant et trop chargé ; nous sommes surpris qu'il n'ait pas répugné à la plume délicate et au goût pur de l'auteur de *Télémaque*. La vérité ne pourrait être une excuse qu'autant qu'elle serait indispensable pour la moralité de la fable ; et ici cette nécessité ne nous paraît pas démontrée.

XXXVII

HISTOIRE D'UNE JEUNE PRINCESSE.

Il y avait une fois un roi et une reine, qui n'avaient point d'enfants. Ils en étaient si fâchés, si fâchés, que personne n'a jamais été plus fâché. Enfin la reine devint grosse, et accoucha d'une fille, la plus belle qu'on ait jamais vue. Les fées vinrent à sa naissance ; mais elles dirent toutes à la reine que le mari de sa fille aurait onze bouches, ou que, si elle ne se mariait avant l'âge de vingt-deux ans, elle deviendrait crapaud. Cette prédiction troubla la reine. La fille avait à peine quinze ans, qu'il se présenta un homme qui avait les onze bouches et dix-huit pieds de haut ; mais la princesse le trouva si hideux, qu'elle n'en voulut jamais. Cependant l'âge fatal approchait, et le roi, qui aimait mieux voir sa fille mariée à un monstre que devenir crapaud, résolut de la donner à l'homme à onze bouches. La reine trouva l'alternative fâcheuse. Comme tout se préparait pour les noces, la reine se souvint d'une certaine fée qui avait été autrefois de ses amies ; elle la fit venir, et lui demanda si elle ne pouvait les empêcher. Je ne le puis, madame, lui répondit-elle, qu'en changeant votre fille en linotte. Vous l'aurez dans votre chambre ; elle parlera toutes les nuits, et chantera toujours. La reine y consentit. Aussitôt la princesse fut couverte de plumes fines, et s'envola chez le roi; de là elle revint à la reine, qui lui fit mille caresses. Cependant le roi fit chercher la princesse; on ne la trouva point. Toute la cour était en deuil. La reine faisait semblant de s'affliger comme les autres, mais elle avait toujours sa linotte, elle s'entretenait toutes les nuits avec elle. Un jour, le roi lui demanda comment elle avait eu une linotte si spirituelle; elle lui répondit que c'était une fée de ses amies qui la lui avait donnée. Deux mois se passèrent tristement. Enfin le monstre, lassé d'attendre, dit au roi qu'il le mangerait avec toute sa cour, si dans huit jours il ne lui donnait la princesse; car il était ogre. Cela inquiéta la reine, qui découvrit tout au roi. On envoya querir la fée, qui rendit à la princesse sa première forme. Cependant il arriva un prince qui, outre sa bouche naturelle, en avait une au bout de chaque doigt de la main. Le roi aurait bien voulu lui donner sa fille : mais il craignait le monstre. Le prince, qui était devenu amoureux de la princesse, résolut de se battre contre l'ogre. Le roi n'y consentit qu'avec beaucoup de peine. On prit le jour : lorsqu'il fut arrivé, les champions s'avancèrent dans le lieu du combat. Tout le monde faisait des vœux pour le prince: mais à voir le géant si terrible, on tremblait de peur pour le prince. Le monstre portait une massue de chêne, dont il déchargea un coup sur Aglaor; car c'était ainsi que se nommait le prince : mais Aglaor ayant évité le coup, lui coupa le jarret de son épée, et l'ayant fait tomber, lui ôta la vie. Tout le monde cria victoire, et le prince Aglaor épousa la princesse avec d'autant plus de contentement, qu'il l'avait délivrée d'un rival aussi terrible qu'incommode.

XXXVIII

VOYAGE SUPPOSÉ, EN 1690.

Il y a quelques années que nous fîmes un beau voyage, dont vous serez bien aise que je vous raconte le détail. Nous partîmes de Marseille[1] pour la Sicile[2], et nous résolûmes d'aller visiter l'Égypte[3]. Nous arrivâmes à Damiette[4], nous passâmes au Grand-Caire[5].

Après avoir vu les bords du Nil[6], en remontant vers le sud, nous nous engageâmes insensiblement à aller voir la mer Rouge[7]. Nous trouvâmes sur cette côte un vaisseau qui s'en allait dans certaines îles qu'on assurait être encore plus délicieuses que les îles Fortunées[8]. La curiosité de voir ces merveilles nous fit embarquer; nous voguâmes pendant trente jours : enfin nous aperçûmes la terre de loin. A mesure que nous approchions, on sentait les parfums que ces îles répandaient dans toute la mer.

Quand nous abordâmes, nous reconnûmes que tous les arbres de ces îles étaient d'un bois odoriférant comme le cèdre. Ils étaient chargés en même temps de fruits délicieux et de fleurs d'une odeur exquise. La terre même, qui était noire, avait un goût de chocolat, et on en faisait des pastilles. Toutes les fontaines étaient de liqueurs glacées ; là, de l'eau de groseille ; ici, de l'eau de fleur d'orange⁹; ailleurs, des vins de toutes les façons. Il n'y avait aucune maison dans toutes ces îles, parce que l'air n'y était jamais ni froid ni chaud. Il y avait partout, sous les arbres, des lits de fleurs, où l'on se couchait mollement pour dormir; pendant le sommeil, on avait toujours des songes de nouveaux plaisirs; il sortait de la terre des vapeurs douces qui représentaient à l'imagination des objets encore plus enchantés que ceux qu'on voyait en veillant : ainsi on dormait moins pour le besoin que pour le plaisir. Tous les oiseaux de la campagne savaient la musique, et faisaient entre eux des concerts.

Les zéphyrs n'agitaient les feuilles des arbres qu'avec règle, pour faire une douce harmonie. Il y avait dans tout le pays beaucoup de cascades naturelles : toutes ces eaux, en tombant sur des rochers creux, faisaient un son d'une mélodie semblable à celle des meilleurs instruments de musique. Il n'y avait aucun peintre dans tout le pays : mais quand on voulait avoir le portrait d'un ami, un beau paysage, ou un tableau qui représentât quelque autre objet, on mettait de l'eau dans de grands bassins d'or ou d'argent; puis on opposait cette eau à l'objet qu'on voulait peindre. Bientôt l'eau, se congelant, devenait comme une glace de miroir, où l'image de cet objet demeurait ineffaçable. On l'emportait où l'on voulait, et c'était un tableau aussi fidèle que les plus polies glaces de miroir. Quoiqu'on n'eût aucun besoin de bâtiments, on ne laissait pas d'en faire, mais sans peine. Il y avait des montagnes dont la superficie était couverte de gazons toujours fleuris. Le dessous était d'un marbre plus solide que le nôtre, mais si tendre et si léger, qu'on le coupait comme du beurre, et qu'on le transportait cent fois plus facilement que du liége : ainsi on n'avait qu'à tailler avec un ciseau, dans les montagnes, des palais ou des temples de la plus magnifique architecture : puis deux enfants emportaient sans peine le palais dans la place où l'on voulait le mettre.

Les hommes un peu sobres ne se nourrissaient que d'odeurs exquises. Ceux qui voulaient une plus forte nourriture mangeaient de cette terre mise en pastilles de chocolat, et buvaient de ces liqueurs glacées qui coulaient des fontaines. Ceux qui commençaient à vieillir allaient se renfermer pendant huit jours dens une profonde caverne, où ils dormaient tout ce temps-là avec des songes agréables ; il ne leur était permis d'apporter en ce lieu ténébreux aucune lumière. Au bout de huit jours, ils s'éveillaient avec une nouvelle vigueur ; leurs cheveux redevenaient blonds : leurs rides étaient effacées ; ils n'avaient plus de barbe : toutes les grâces de la plus tendre jeunesse revenaient en eux. En ce pays, tous les hommes avaient de l'esprit ; mais ils n'en faisaient aucun bon usage. Ils faisaient venir des esclaves des pays étrangers, et les faisaient penser pour eux ; car ils ne croyaient pas qu'il fût digne d'eux de prendre jamais la peine de penser eux-mêmes. Chacun voulait avoir des penseurs à gages, comme on a ici des porteurs de chaise pour s'épargner la peine de marcher.

Ces hommes, qui vivaient avec tant de délices et de magnificence, étaient fort salęs : il n'y avait dans tout le pays rien de puant ni de malpropre que l'ordure de leur nez, et ils n'avaient point d'horreur de la manger. On ne trouvait ni politesse ni civilité parmi eux. Ils aimaient à être seuls ; ils avaient un air sauvage et farouche ; ils chantaient des chansons barbares qui n'avaient aucun sens. Ouvraient-ils la bouche, c'était pour dire non à tout ce qu'on leur proposait. Au lieu qu'en écrivant nous faisons nos lignes droites, ils faisaient les leurs en demi-cercle. Mais ce qui me surprit davantage, c'est qu'ils dansaient les pieds en dedans ; ils tiraient la langue ; ils faisaient des grimaces qu'on ne voit jamais en Europe, ni en Asie, ni même en Afrique, où il y a tant de monstres. Ils étaient froids, timides et honteux devant les étrangers, hardis et emportés contre ceux qui étaient dans leur familiarité.

Quoique le climat soit très-doux et le ciel très-constant en ce pays-là, l'humeur des hommes y est inconstante et rude. Voici un remède dont on se sert pour les adoucir. Il y a dans ces îles certains arbres qui portent un grand fruit d'une forme longue, qui pend du haut des branches. Quand ce fruit est cueilli, on en ôte tout ce qui est bon à manger, et qui est délicieux ; il reste une écorce dure, qui forme un grand creux, à peu près de la figure d'un luth. Cette écorce a de longs filaments durs et fermes, comme des cordes qui vont d'un bout à l'autre. Ces espèces de cordes, dès qu'on les touche un peu, rendent d'elles-mêmes tous les sons qu'on veut. On n'a qu'à prononcer le nom de l'air qu'on demande, ce nom, soufflé sur les cordes, leur imprime aussitôt cet air. Par cette harmonie, on adoucit un peu les esprits farouches et violents. Mais, malgré les charmes de la musique, ils retombent toujours dans leur humeur sombre et incompatible.

Nous demandâmes soigneusement s'il n'y avait point dans le pays des lions, des ours, des tigres, des panthères, et je compris qu'il n'y avait dans ces charmantes îles rien de féroce que les hommes. Nous aurions passé volontiers notre vie dans une si heureuse terre ; mais l'humeur insupportable de ses habitants nous fit renoncer à tant de délices. Il fallut, pour se délivrer d'eux, se rembarquer et retourner par la mer Rouge en Égypte, d'où nous retournâmes eu Sicile, en fort peu de jours ; puis nous vînmes de Palerme [10] à Marseille avec un vent très-favorable.

Je ne vous raconte point ici beaucoup d'autres circonstances merveilleuse de la nature de ce pays et des mœurs de ses habitants. Si vous en êtes curieux, il me sera facile de satisfaire votre curiosité.

Mais qu'en conclurez-vous ? que ce n'est pas un beau ciel, une terre fertile et riante, ce qui amuse, ce qui flatte les sens, qui nous rendent bons et heureux. N'est-ce pas là, au contraire, ce qui nous amollit, ce qui nous dégrade, ce qui nous fait oublier que nous avons une âme raisonnable, et négliger le soin et la nécessité de

vaincre nos inclinations perverses, et de travailler
à devenir vertueux?

NOTES.

1 *Marseille*, chef-lieu du département des Bouches-du-
Rhône, la plus ancienne ville de France, fondée, ou plutôt
agrandie, vers l'an 600 avant J.-C., par une colonie de Pho-
céens; centre du commerce et des lumières de l'Occident, sur-
nommée autrefois l'Athènes des Gaules, encore aujourd'hui
l'une des villes les plus importantes du monde par son commerce; patrie du savant géographe et voyageur Pythéas, qui
fut, dit-on, contemporain d'Aristote, et découvrit l'île de *Thulé*
(îles Shetland); de Mascaron, du grammairien Dumarsais, du
sculpteur Puget, qu'on a surnommé le Michel-Ange français;
de Massillon, etc.

2 *Sicile*. Voy. I, note 16.

3 *Égypte*. Voy. XVI, note 12.

4 *Damiette*, ville de la Basse Égypte, sur la bouche orientale
du Nil, prise par saint Louis en 1249, détruite plus tard par les
Arabes, et reconstruite sur un nouvel emplacement, à une
lieue de l'ancienne.

5 *Le Caire*, grande ville, et capitale de toute l'Égypte, située
près du Nil, dans cette partie nommée autrefois *Heptanomide*
ou Égypte du milieu, à peu de distance de l'endroit où le fleuve
se divise pour former le Delta. Sa population est d'environ
250,000 habitants.

6 *Nil*. Voy. XVI, note 1.

7 Mer *Rouge* ou golfe *Arabique*, sépare l'Asie de l'Afrique,
depuis le détroit de Bab-el-Mandeb jusqu'à Suez.

8 *Iles Fortunées ;* les anciens appelaient ainsi les îles *Cana-ries*, situées dans l'océan Atlantique, à peu de distance de la côte occidentale de l'Afrique, et c'est là que les poëtes plaçaient les Champs-Elysées. Ces îles, exploitées d'abord par les Carthaginois, mais peu connues des Romains, et laissées dans l'oubli jusqu'à la fin du quatorzième siècle, furent conquises en 1404 par un gentilhomme français, nommé Jean de Bethencourt.

9 *Fleur d'orange.* Voy. XIV, note 6.

10 *Palerme*, ville considérable, capitale de la Sicile, était autrefois une ville importante, et dont la fondation, attribuée aux Phéniciens, remontait à la plus haute antiquité. Elle fut enlevée par les Romains aux Carthaginois, l'an 254 avant J.-C. Elle est fameuse dans l'histoire moderne par le massacre qu'on y fit des Français en 1282, événement connu sous le nom de *Vêpres siciliennes*, parce qu'il eut lieu à l'heure des vêpres et au signal des cloches qui appelaient les fidèles à l'église.

XXXIX

L'ANNEAU DE POLYCRATE.

(Au lieu de ce qui est dit de Damoclès dans les Aventures d'Aristonoüs (page 4), on lit dans toutes les éditions antérieures à celle de 1718 l'épisode suivant, que Fénelon supprima, vraisemblablement parce qu'il le trouva trop long, eu égard au plan de la pièce entière. Nous le conservons ici comme un morceau complet et ne pouvant être lu séparément; c'est un fait curieux, une étude intéressante, qui fait réfléchir sur ce mélange de faiblesse et d'énergie, de philosophie et de superstition, qui caractérisait les anciens.)

Alcine, qui m'aimait de plus en plus, et qui était ravi de voir le succès de ses soins pour moi, m'affranchit, et m'envoya à Polycrate[1], tyran de Samos[2], qui, dans son incroyable félicité, craignait toujours que la fortune, après l'avoir si longtemps flatté, ne le trahît cruellement. Il aimait la vie, qui était pour lui pleine de délices; il craignait de la perdre, et voulait prévenir les moindres apparences de maux: ainsi il était toujours environné des hommes les plus célèbres dans la médecine.

Polycrate fut ravi que je voulusse passer ma vie auprès de lui. Pour m'y attacher, il me donna de grandes richesses et me combla d'honneurs. Je demeurai longtemps à Samos, où je ne pouvais assez m'étonner de voir un homme que la

fortune semblait prendre plaisir à servir selon
tous ses désirs. Il suffisait qu'il entreprît une
guerre, la victoire suivait de près ; il n'avait qu'à
vouloir les choses les plus difficiles , elles se faisaient d'abord comme d'elles-mêmes. Ses richesses immenses se multipliaient tous les jours ;
tous ses ennemis étaient abattus à ses pieds ; sa
santé, loin de diminuer, devenait plus forte et
plus égale. Il y avait déjà quarante ans que ce
tyran, tranquille et heureux, tenait la fortune
comme enchaînée, sans qu'elle osât jamais se
démentir en rien , ni lui causer le moindre mé-
compte dans tous ses desseins. Une prospérité
si inouïe parmi les hommes me faisait peur pour
lui. Je l'aimais sincèrement, et je ne pus m'empêcher de lui découvrir ma crainte : elle fit impression dans son cœur ; car encore qu'il fût
amolli par les délices, et enorgueilli de sa puissance, il ne laissait pas d'avoir quelques sentiments d'humanité, quand on le faisait ressou-
venir des dieux et de l'inconstance des choses
humaines. Il souffrit que je lui disse la vérité, et
il fut si touché de ma crainte pour lui, qu'enfin
il résolut d'interrompre le cours de ses prospérités par une perte qu'il voulait se préparer lui-
même. Je vois bien, me dit-il, qu'il n'y a point
d'homme qui ne doive en sa vie éprouver quelque disgrâce de la fortune : plus on a été épargné d'elle, plus on a à craindre quelque révolu-
tion affreuse ; moi qu'elle a comblé de biens
pendant tant d'années, je dois en attendre des
maux extrêmes, si je ne détourne ce qui semble
me menacer. Je veux donc me hâter de prévenir

les trahisons de cette fortune flatteuse. En disant ces paroles, il tira de son doigt son anneau, qui était d'un très-grand prix, et qu'il aimait fort ; il le jeta, en ma présence, du haut d'une tour dans la mer, et espéra, par cette perte, d'avoir satisfait à la nécessité de subir, du moins une fois fois dans sa vie, les rigueurs de la fortune. Mais c'était un aveuglement causé par sa prospérité. Les maux qu'on choisit et qu'on se fait soimême ne sont plus des maux ; nous ne sommes affligés que par les peines forcées et imprévues dont les dieux nous frappent. Polycrate ne savait pas que le vrai moyen de prévenir la fortune était de se détacher par sagesse et par modération de tous les biens fragiles qu'elle donne. La fortune, à laquelle il voulut sacrifier son anneau, n'acepta point ce sacrifice ; et Polycrate, malgré lui, parut plus heureux que jamais. Un poisson avait avalé l'anneau ; le poisson avait été pris, porté chez Polycrate, préparé pour être servi à sa table, et l'anneau. trouvé par un cuisinier dans le ventre du poisson, fut rendu au tyran, qui pâlit à la vue d'une fortune si opiniâtre à le favoriser. Mais le temps s'approchait où ses prospérités se devaient changer tout à coup en des adversités affreuses. Le grand roi de Perse, Darius [3], fils d'Hystaspe, entreprit la guerre contre les Grecs. Il subjugua bientôt toutes les colonies grecques de la côte d'Asie, et des îles voisines, qui sont dans la mer Égée [4]. Samos fut prise ; le tyran fut vaincu, et Oronte, qui commandait pour le grand roi, ayant fait dresser une haute croix, y fit attacher le tyran. Ainsi cet homme, qui avait joui d'une si haute prospérité, et qui n'avait pu même éprouver le malheur qu'il avait cherché, périt tout à coup par le plus cruel et le plus infâme des supplices. Ainsi rien ne menace tant les hommes de quelque grand malheur qu'une trop grande prospérité.

Cette fortune, qui se joue cruellement des hommes les plus élevés, tire aussi de la poussière ceux qui étaient les plus malheureux. Elle avait précipité Polycrate du haut de sa roue, et elle m'avait fait sortir de la plus misérable de toutes les conditions, pour me donner de grands biens. Les Perses ne me les ôtèrent point; au contraire, ils firent grand cas de ma science pour guérir les hommes, et de la modération avec laquelle j'avais vécu pendant que j'étais en faveur auprès du tyran. Ceux qui avaient abusé de sa confiance et de son autorité furent punis de divers supplices. Comme je n'avais jamais fait de mal à personne, et que j'avais au contraire fait tout le bien que j'avais pu faire, je demeurai le seul que les victorieux épargnèrent, et qu'ils traitèrent honorablement. Chacun s'en réjouit, car j'étais aimé, et j'avais joui de la prospérité sans envie, parce que je n'avais jamais montré ni dureté, ni orgueil, ni avidité, ni injustice. Je passai encore à Samos quelques années assez tranquillement ; mais je sentis enfin un violent désir de revoir la Lycie, où j'avais passé si doucement mon enfance.

NOTES.

1 *Polycrate* s'empara de la souveraineté vers l'an 532 avant
J.-C. Il se fit pardonner son usurpation et ses crimes par l'ha-
bileté de son administration, et surtout en faisant fleurir le
commerce, les sciences et les arts. Il avait à sa cour le philosophe Phérécyde, maître de Pythagore, le poëte Anacréon, et
le sculpteur Théodore; et il fonda la première bibliothèque
qu'ait eue la Grèce. Il était allié avec Amasis, roi d'Egypte, et
ce fut ce prince qui lui conseilla de s'exposer volontairement
à quelque grand malheur, pour prévenir ceux que la fortune
lui réservait; mais, en apprenant l'histoire de l'anneau, Amasis
rompit l'alliance, persuadé qu'un si grand bonheur touchait à
son terme, et craignant de voir retomber sur lui-même une
partie des malheurs qu'il prévoyait pour Polycrate.

2 *Samos*, île célèbre de la mer Égée, patrie du philosophe
Pythagore. On y adorait principalement Junon et Mercure.

3 Après la mort de Cambyse, fils de Cyrus, et d'un mage qui
avait usurpé le trône en se faisant passer pour un frère de
Cambyse, les grands de l'empire élevèrent Darius Ier sur le
trône de Perse, en 521 av. J.-C. Son règne fut long et assez
glorieux. Il soumit les Babyloniens, étendit ses conquêtes jusque dans les Indes, et marcha contre les Scythes, qu'il ne put
dompter. Il commença contre les Grecs cette longue et sanglante lutte, si célèbre sous le nom de *Guerre médique*. Après
plusieurs défaites de ses généraux, il se préparait à passer
lui-même en Grèce, à la tête d'une formidable armée, lorsque
la mort le surprit en 485. Il était âgé de soixante-cinq ans, et
en avait régné trente-sept.

4 La mer *Égée*, aujourd'hui l'Archipel, est la partie de la
Méditerranée comprise entre l'Asie Mineure et la Grèce. Elle
est parsemée de plusieurs groupes d'îles, dont les principales
sont les Cyclades, et tire son nom d'Egée, roi d'Athènes, qui
s'y précipita, croyant que Thésée, son fils, avait péri dans son
expédition contre le Minotaure.

XL

LE FANTASQUE [1].

Qu'est-il donc arrivé de funeste à Mélanthe ?
Rien au dehors, tout au dedans. Ses affaires vont
à souhait; tout le monde cherche à lui plaire.
Quoi donc ? C'est que sa rate fume. Il se coucha
hier les délices du genre humain; ce matin on
est honteux pour lui; il faut le cacher. En se levant, le pli d'un chausson lui a déplu : toute la
journée sera orageuse et tout le monde en souf-
frira. Il fait peur; il fait pitié : il pleure comme un
enfant; il rugit comme un lion. Une vapeur maligne et farouche trouble et noircit son imagination, comme l'encre de son écritoire barbouille
ses doigts. N'allez pas lui parler des choses qu'il
aimait le mieux il n'y a qu'un moment. Par la
raison qu'il les a aimées, il ne les saurait plus
souffrir. Les parties de divertissement, qu'il a
tant désirées, lui deviennent ennuyeuses; il faut
les rompre. Il cherche à contredire, à se plaindre, à piquer les autres. Il s'irrite de voir qu'ils
ne veulent point se fâcher. Souvent il porte ses
coups en l'air, comme un taureau furieux qui,
de ses cornes aiguisées, va se battre contre les
vents. Quand il manque de prétexte pour attaquer
les autres, il se tourne contre lui-même. Il se
blâme, il ne se trouve bon à rien, il se décou-

rage; il trouve fort mauvais qu'on veuille le con
soler. Il veut être seul, et ne peut supporter l
solitude. Il revient à la compagnie, et s'aigr
contre elle. On se tait : ce silence affecté le cho
que. On parle tout bas ; il s'imagine que c'es
contre lui. On parle tout haut ; il trouve qu'o
parle trop, et qu'on est trop gai pendant qu'il es
triste. On est triste ; cette tristesse lui paraît u
reproche de ses fautes. On rit ; il soupçonne qu'o
se moque de lui. Que faire ? Être aussi ferme
aussi patient qu'il est insupportable, et attend
en paix qu'il revienne demain aussi sage qu'
était hier. Cette humeur étrange s'en va comm
elle vient. Quand elle le prend, on dirait que c'e
un ressort de machine qui se démonte tout
coup. Il est comme on dépeint les possédés : s
raison est comme à l'envers : c'est la déraiso
elle-même en personne. Poussez-le, vous l
ferez dire en plein jour qu'il est nuit ; car il n'
a plus ni jour ni nuit pour une tête démonte
par son caprice. Quelquefois il ne peut s'empê
cher d'être étonné de ses excès et de ses fougue
Malgré son chagrin, il sourit à des paroles extra
vagantes qui lui ont échappé. Mais quel moye
de prévoir ces orages et de conjurer la tempête
Il n'y en a aucun ; point de bons almanachs pou
prédire ce mauvais temps. Gardez-vous bien d
dire : Demain nous irons nous divertir dans u
tel jardin. L'homme d'aujourd'hui ne sera poin
celui de demain ; celui qui vous promet mainte
nant disparaîtra tantôt ; vous ne saurez plus où l
prendre pour le faire souvenir de sa parole. E
sa place, vous trouverez un je ne sais quoi qu

n'a ni forme ni nom, qui n'en peut avoir, et que vous ne sauriez définir deux instants de suite de la même manière. Étudiez-le bien, puis dites-en tout ce qu'il vous plaira : il ne sera plus vrai le moment d'après que vous l'aurez dit. Ce je ne sais quoi veut et ne veut pas; il menace; il tremble; il mêle des hauteurs ridicules avec des bassesses indignes. Il pleure, il rit, il badine, il est furieux. Dans sa fureur la plus bizarre et la plus insensée, il est plaisant, éloquent, subtil, plein de tours nouveaux, quoiqu'il ne lui reste pas seulement une ombre de raison. Prenez bien garde de ne lui rien dire qui ne soit juste, précis et exactement raisonnable : il saurait bien en prendre avantage, et vous donner adroitement le change. Il passerait d'abord de son tort au vôtre, et deviendrait raisonnable pour le seul plaisir de vous convaincre que vous ne l'êtes pas. C'est un rien qui l'a fait monter jusqu'aux nues ; mais ce rien, qu'est-il devenu? Il est perdu dans la mêlée ; il n'en est plus question : il ne sait plus ce qui l'a fâché ; il sait seulement qu'il se fâche et qu'il veut se fâcher ; encore même ne le sait-il pas toujours. Il s'imagine souvent que tous ceux qui lui parlent sont emportés, et que c'est lui qui se modère, comme un homme qui a la jaunisse croit que tous ceux qu'il voit sont jaunes, quoique le jaune ne soit que dans ses yeux. Mais peut-être qu'il épargnera certaines personnes auxquelles il doit plus qu'aux autres, ou qu'il paraît aimer davantage? Non; sa bizarrerie ne connaît personne; elle se prend sans choix à tout ce qu'elle trouve : le premier venu lui est bon pour

se décharger ; tout lui est égal, pourvu qu'il se
fâche : il dirait des injures à tout le monde. Il
n'aime plus les gens, il n'en est point aimé : on
le persécute, on le trahit ; il ne doit rien à qui que
ce soit. Mais attendez un moment ; voici une autre
scène. Il a besoin de tout le monde, il aime, on
l'aime aussi ; il flatte, il s'insinue, il ensorcelle
tous ceux qui ne pouvaient plus le souffrir : il
avoue son tort ; il rit de ses bizarreries ; il se contrefait, et vous croiriez que c'est lui-même dans
ses accès d'emportement, tant il se contrefait bien.
Après cette comédie, jouée à ses propres dépens,
vous croyez bien qu'au moins il ne fera plus le
démoniaque. Hélas ! vous vous trompez ; il le fera
encore ce soir, et pour s'en moquer demain, sans
se corriger[1].

NOTE.

1 Ce portrait achevé, que La Bruyère aurait regardé comme
un des meilleurs de sa galerie, fut sans doute présenté par
Fénelon à son élève après un de ces accès d'humeur bizarre
et inégale auxquels il paraît qu'il était sujet. La leçon était sévère, et le jeune prince ne pouvait s'y méprendre ; elle dut
produire son effet. Mais à quel âge, et dans quelle condition
ne conviendrait-elle pas ? Qui de nous n'a pas à en faire son
profit ? Fénelon n'avait en vue que son élève, mais sans le
vouloir il s'adressait à tous les hommes.

XLI

LA MÉDAILLE[1].

Je crois, monsieur, que je ne dois point perdre de temps pour vous informer d'une chose très-curieuse, et sur laquelle vous ne manquerez pas de faire bien des réflexions. Nous avons en ce pays un savant, nommé M. Wanden, qui a de grandes correspondances avec les antiquaires d'Italie; il prétend avoir reçu par eux une médaille antique, que je n'ai pu voir jusqu'ici, mais dont il a fait frapper des copies qui sont très-bien faites, et qui se répandront bientôt, selon les apparences, dans tous les pays où il y a des curieux. J'espère que dans peu de jours, je vous en enverrai une. En attendant, je vais vous en faire la plus exacte description que je pourrai. D'un côté, cette médaille, qui est fort grande, représente un enfant d'une figure très-belle et très-noble : on voit Pallas[2] qui le couvre de son égide[3] ; en même temps les trois Grâces[4] sèment son chemin de fleurs; Apollon[5], suivi des Muses[6], lui offre sa lyre; Vénus[7] paraît en l'air dans son char attelé de colombes, qui laisse tomber sur lui sa ceinture ; la Victoire[8] lui montre d'une main un char de triomphe, et de l'autre lui présente une couronne ; les paroles sont prises d'Horace[9] : *Non sine dis animosus infans*[10]. Le

revers est bien différent. Il est manifeste que c'est
le même enfant ; car on reconnaît d'abord le
même air de tête ; mais il n'a autour de lui que
des masques grotesques et hideux , des reptiles
venimeux , comme des vipères et des serpents ,
des insectes , des hiboux ; enfin , des harpies [11]
sales qui répandent de tous côtés de l'ordure, et
qui déchirent tout avec leurs ongles crochus. Il
y a une troupe de satyres [12] impudents et mo-
queurs , qui font les postures les plus bizarres ,
qui rient, et qui montrent du doigt la queue d'un
poisson monstrueux , par où finit le corps de ce
bel enfant. Au bas on lit ces paroles, qui, comme
vous savez, sont aussi d'Horace : *Turpiter atrum
desinit in piscem* [13].

Les savants se donnent beaucoup de peine
pour découvrir en quelle occasion cette médaille
a pu être frappée dans l'antiquité. Quelques-uns
soutiennent qu'elle représente Caligula [14], qui ,
étant fils de Germanicus [15] , avait donné dans son
enfance de hautes espérances pour le bonheur de
l'empire, mais qui, dans la suite, devint un
monstre. D'autres veulent que tout ceci ait été
fait pour Néron [16] , dont les commencements
furent si heureux et la fin si horrible. Les uns et
les autres conviennent qu'il s'agit d'un jeune
prince éblouissant, qui promettait beaucoup, et
dont toutes les espérances ont été trompeuses.
Mais il y en a d'autres , plus défiants , qui ne
croient point que cette médaille soit antique. Le
mystère que fait M. Wanden , pour cacher l'original, donne de grands soupçons. On s'imagine
voir quelque chose de notre temps, figuré dans

cette médaille ; peut-être signifie-t-elle de grandes espérances, qui se tourneront en de grands malheurs. Il semble qu'on affecte de faire entrevoir malignement quelque jeune prince, dont on tâche de rabaisser toutes les bonnes qualités par des défauts qu'on lui impute. D'ailleurs M. Wanden n'est pas seulement curieux, il est encore politique, fort attaché au prince d'Orange, et on soupçonne que c'est d'intelligence avec lui qu'il veut répandre cette médaille dans toutes les cours de l'Europe[17]. Vous jugerez bien mieux que moi, monsieur, ce qu'il en faut croire. Il me suffit de vous avoir fait part de cette nouvelle, qui fait raisonner ici avec beaucoup de chaleur tous nos gens de lettres, et de vous assurer que je suis toujours votre très-humble et très-obéissant serviteur.

BAYLE[18].

D'Amsterdam[19], le 4 mai 1691.

NOTES.

[1] On s'aperçoit aisément que cette lettre de Bayle est supposée ; mais, dans cette fiction ingénieuse, Fénelon avertit son royal élève de ne pas s'endormir sur ces heureuses dispositions qu'on a reconnues en lui, de ne pas trop se fier à ces brillantes espérances qu'il a fait concevoir. Les unes et les autres peuvent être démenties et suivies de mécomptes inattendus. Pour le prouver, il évoque des souvenirs terribles qui doi-

vent faire une grande impression sur le jeune prince. La leçon est directe et frappante, mais il n'est pas nécessaire d'être l'héritier d'un trône pour en profiter. Dans toutes les conditions, dans toutes les classes, il ne suffit pas d'avoir des dispositions, il faut les développer; il ne suffit pas de promettre, il faut tenir.

2 *Pallas.* Voy. XIII, note 3.

3 *Égide*, bouclier de Pallas, qui lui donna ce nom après avoir vaincu le monstre Égiès. Elle le couvrit de la peau de la chèvre Amalthée, et y mit la tête de Méduse, une des Gorgones, qui avait eu et conservait encore le pouvoir de changer en pierre ceux qui la regardaient.

4 *Grâces.* Voy. V, note 2.

5 *Apollon.* Voy. 1, note 10.

6 *Muses.* Voy. X, note 11.

7 *Vénus.* Voy. XIII, note 7.

8 La *Victoire*, divinité allégorique des anciens, fille du géant Pallas et de Styx, et sœur de la Force et de la Valeur. On la représentait avec des ailes, couronnée de lauriers, et tenant à la main une branche de palmier. Elle était adorée à Rome, dans l'Italie et la Grèce. Sa plus célèbre statue était dans le palais du sénat, au Capitole. Ce fut la dernière qui tomba devant le christianisme : elle fut enlevée sous l'empire de Gratien, et par ses ordres, l'an 382 de notre ère.

9 *Horace*, l'un des plus célèbres poëtes latins du siècle d'Auguste, a laissé des odes, des satires et des épîtres, dont la principale a pour sujet l'Art poétique.

10 Liv. III, ode IV, v. 20. Ce vers peut se traduire ainsi : *Enfant plein d'une ardeur que lui inspirent les dieux.*

11 Les *Harpies*, filles de Neptune et de la Mer, ou, selon Hésiode, de Thaumas et d'Électra, fille de l'Océan, étaient des monstres au visage de femme, au corps de vautour, au bec et aux ongles crochus. Elles causaient la famine partout où elles passaient, enlevaient les viandes sur les tables, et répandaient une odeur infecte. On les nommait Alope, Achéloë, Ocythoé et Céléno.

12 *Satyres.* Voy. II, note 7.

13 *Il se termine honteusement en poisson hideux.* (*Art poét.* v. 3 et 4.)

14 *Caligula*, troisième empereur de Rome, successeur de Tibère, était fils de Germanicus et d'Agrippine. Il se nommait Caïus ; mais lorsqu'il était enfant, les soldats de son père lui donnèrent le surnom de *Caligula*, parce qu'il portait de petites chaussures militaires, en latin *caligœ*, dont le diminutif est *caligulœ*. Ce fut un prince stupide et féroce. Il fut tué à vingt-neuf ans, après un règne de trois ans et demi. Les premiers mois de son empire avaient été si heureux, qu'on l'avait surnommé *les délices de Rome*. Racine fait dire de ce prince par sa sœur Agrippine (*Britannicus*, act. 1er, sc. 1re) :

De Rome, pour un temps, Caïus fut les délices ;
Mais sa feinte bonté se changeant en fureur,
Les délices de Rome en devinrent l'horreur.

Ce surnom fut donné plus tard à l'un de ses successeurs, Titus, qui le méritait véritablement, et auquel l'histoire l'a conservé.

15 *Germanicus*, fils de Dusus et d'Antonia, nièce d'Auguste, avait été, par l'ordre de ce dernier, adopté par Tibère, auquel il devait succéder. Mais ses vertus, ses succès militaires, qui l'avaient rendu l'idole des soldats et du peuple, en firent pour Tibère un objet de jalousie et de haine. Il mourut à Antioche, à l'âge de trente-quatre ans, l'an 19 de Jésus-Christ. Ses dernières paroles, la joie que le tyran ne put dissimuler en apprenant sa mort, et le suicide de Pison que l'on accusa formellement de l'avoir empoisonné, ne permettent guère de conserver de doutes à cet égard.

16 *Néron* (Lucius-Domitius), cinquième empereur de Rome, petit-fils de Germanicus par sa mère Agrippine, et fils adoptif de l'empereur Claude, que cette dernière avait épousé en secondes noces, monta sur le trône l'an 54 de Jésus-Christ, à l'âge de dix-sept ans. Les commencements de son règne donnèrent aussi de brillantes espérances, qui furent également démenties. Le nom de Néron est devenu une dénomination flétrissante pour les princes, surtout sous le rapport de la cruauté. Son premier crime, l'empoisonnement de son frère Britannicus, est le sujet d'une tragédie de Racine, chef-d'œuvre de poésie, qui semble inspiré par le génie de Corneille et écrit

avec la plume sévère de Tacite. Rome et le monde furent déli-
vrés de ce monstre par une révolte et une mort sanglante
l'an 68 de notre ère, après quatorze ans d'un régne détesté.

17 *Europe*, la plus petite partie de l'ancien continent, sous
le rapport de l'étendue, mais la plus avancée dans la civilisation, et la plus considérable pour son commerce, son indus-
trie, ses lumières et son importance politique.

18 *Bayle*, célèbre philosophe du dix-septième siècle, était né
au Carlat, petite ville du comté de Foix (département de l'A-
riége), le 18 novembre 1647. Quelques écrits politiques, ses
opinions religieuses, et surtout son grand *Dictionnaire histo-
rique et critique*, qui parut en 1696, lui attirèrent quelques
persécutions et lui firent beaucoup d'ennemis. Il supporta les
unes, et fit tête aux autres avec une noble fermeté. Il mourut à
Rotterdam, le 28 décembre 1706.

19 *Amsterdam*, grande et belle ville, capitale de la Hollande,
bâtie sur pilotis, à l'embouchure de l'Amstel, dans un bras de
mer étroit, qu'on nomme l Y ou Wie. Elle est traversée par
une foule de canaux, qui forment quatre-vingt-dix îles, com-
muniquant ensemble par deux cent quatre-vingts ponts.

UNE PROMENADE DE FÉNELON.

PAR ANDRIEUX [1].

Victime de l'intrigue et de la calomnie,
Et par un noble exil expiant son génie,
Fénelon, dans Cambrai, regrettant peu la cour,
Répandait les bienfaits et recueillait l'amour;
Instruisait, consolait, donnait à tous l'exemple :
Son peuple, pour l'entendre, accourait dans le temple;
Il parlait, et les cœurs s'ouvraient tous à sa voix.

Quand du saint ministère ayant porté le poids,
Il cherchait vers le soir le repos, la retraite,
Alors aux champs aimés du sage et du poëte,
Solitaire et rêveur, il allait s'égarer.
De quel charme, à leur vue, il se sent pénétrer!
Il médite, il compose, et son âme l'inspire;
Jamais un vain orgueil ne le presse d'écrire;
Sa gloire est d'être utile : heureux quand il a pu
Montrer la vérité, faire aimer la vertu !

Ses regards, animés d'une flamme céleste,
Relèvent de ses traits la majesté modeste;
Sa taille est haute et noble; un bâton à la main,
Seul, sans faste et sans crainte, il poursuit son chemin,
Contemple la nature, et jouit de Dieu même.

Il visite souvent les villageois qu'il aime,
Et chez ces bonnes gens, de le voir tout joyeux,
Vient sans être attendu, s'assied au milieu d'eux,
Écoute le récit de peines qu'il soulage,
Joue avec les enfants et goûte le laitage.

12

Un jour, loin de la ville ayant longtemps erré,
Il arrive aux confins d'un hameau retiré,
Et sous un toit de chaume, indigente demeure,
La pitié le conduit; une famille y pleure.
Il entre; et sur-le-champ faisant place au respect,
La douleur un moment se tait à son aspect.
« O ciel! c'est monseigneur! » On se lève, on s'empresse.
Il voit avec plaisir éclater leur tendresse.

« Qu'avez-vous, mes enfants? D'où vient votre chagrin?
Ne puis-je le calmer? Versez-le dans mon sein :
Je n'abuserai point de cette confiance. »
On s'enhardit alors, et la mère commence :
« Pardonnez, monseigneur, mais vous n'y pouvez rien;
Ce que nous regrettons, c'était tout notre bien.
Nous n'avions qu'une vache, hélas! elle est perdue,
Depuis trois jours entiers nous ne l'avons point vue!
Notre pauvre Brunon! Nous l'attendons en vain.
Les loups l'auront mangée, et nous mourrons de faim.
Peut-il être un malheur au nôtre comparable?

— Ce malheur, mes amis, est-il irréparable?
Dit le prélat; et moi, ne puis-je vous offrir,
Touché de vos regrets, de quoi les adoucir?
En place de Brunon, si j'en trouvais une autre?

— L'aimerions-nous autant que nous aimions la nôtre?
Pour oublier Brunon il faudra bien du temps.
Eh! comment l'oublier? Ni nous, ni nos enfants,
Nous ne serons ingrats.... C'était notre nourrice;
Nous l'avions achetée étant encor génisse.
Accoutumée à nous, elle nous entendait,
Et même à sa manière elle nous répondait.
Son poil était si beau! d'une couleur si noire!
Trois marques seulement, plus blanches que l'ivoire,
Ornaient son large front et ses pieds de devant.
Avec mon petit Claude elle jouait souvent;

Il montait sur son dos; elle le laissait faire.
Je riais... A présent, nous pleurons, au contraire.
Non, monseigneur, jamais ; il n'y faut pas penser,
Une autre ne pourra chez nous la remplacer. »

Fénelon écoutait cette plainte naïve ;
Mais pendant l'entretien bientôt le soir arrive.
Quand on est occupé de sujets importants,
On ne s'aperçoit pas de la fuite du temps.
Il promit, en partant, de revoir la famille.

« Ah ! monseigneur, lui dit la plus petite fille,
Si vous vouliez pour nous la demander à Dieu,
Nous la retrouverions. — Ne pleurez plus. Adieu. »

Il reprend son chemin, il reprend ses pensées,
Achève en son esprit des pages commencées.
Il marche; mais déjà l'ombre croît, le jour fuit :
Ce reste de clarté qui devance la nuit
Guide encore ses pas à travers les prairies,
Et le calme du soir nourrit ses rêveries.
Tout à coup à ses yeux un objet s'est montré;
Il regarde, il croit voir, il distingue en un pré,
Seule, errante et sans guide, une vache... C'est celle
Dont on lui fit tantôt un portrait si fidèle :
Il ne peut s'y tromper. Et soudain, empressé,
Il court dans l'herbe humide, il franchit un fossé,
Arrive haletant; et Brunon, complaisante,
Loin de le fuir, vers lui s'avance et se présente;
Lui-même, satisfait, la flatte de la main.

Mais que faire ! Va-t-il poursuivre son chemin?
Retourner sur ses pas, ou regagner la ville?
Déjà pour retourner il a fait plus d'un mille :
« Ils l'auront dès ce soir, dit-il, et par mes soins,
Elle leur coûtera quelques larmes de moins. »

Il saisit à ces mots la corde qu'elle traîne,
Et marchant lentement, derrière lui l'emmène.

Venez, mortels si fiers d'un vain et mince éclat,
Voyez en ce moment ce digne et saint prélat,
Que son nom, son génie et son titre décore,
Mais que tant de bonté relève plus encore!
Ce qui fait votre orgueil vaut-il un trait si beau?

Le voilà, fatigué, de retour au hameau.
Hélas! à la clarté d'une faible lumière,
On veille, on pleure encor dans la triste chaumière.
Il arrive à la porte : « Ouvrez-moi, mes enfants;
Ouvrez-moi; c'est Brunon, Brunon que je vous rends. »

On accourt. O surprise! ô joie! ô doux spectacle!
La fille croit que Dieu fait pour eux un miracle :
« Ce n'est point monseigneur, c'est un ange des cieux,
Qui, sous ses traits chéris, se présente à nos yeux;
Pour nous faire plaisir, il a pris sa figure ;
Aussi je n'ai pas peur.... Oh! non, je vous assure,
Bon ange! » En ce moment, de leurs larmes noyés,
Père, mère, enfants, tous sont tombés à ses pieds.
« Levez-vous, mes amis. Mais quelle erreur étrange
Je suis votre archevêque, et ne suis point un ange;
J'ai retrouvé Brunon, et pour vous consoler
Je revenais vers vous ; que n'ai-je pu voler!
Reprenez-la, je suis heureux de vous la rendre,
— Quoi! tant de peine! ô ciel! vous avez pu la prendre
Et vous même!... » Il reçoit leurs respects, leur amour;
Mais il faut bien aussi que Brunon ait son tour.
On lui parle : « C'est donc ainsi que tu nous laisses?
Mais te voilà. » Je donne à penser les caresses!
Brunon paraît sensible à l'accueil qu'on lui fait.
Tel, au retour d'Ulysse [2], Argus le reconnaît.

« Il faut, dit Fénelon, que je reparte encore :
A peine dans Cambrai serai-je avant l'aurore.
Je crains d'inquiéter mes amis, ma maison,
— Oui, dit le villageois, oui, vous avez raison :

On pleurerait ailleurs, quand vous séchez nos larmes.
Vous êtes tant aimé! Prévenez leurs alarmes.
Mais comment retourner? car vous êtes bien las.
Monseigneur, permettez, nous vous offrons nos bras;
Oui, sans vous fatiguer vous ferez le voyage. »
D'un peuplier voisin on abat le branchage.

Mais le bruit au hameau s'est déjà répandu :
« Monseigneur est ici! » Chacun est accouru;
Chacun veut le servir. De bois et de ramée
Une civière agreste aussitôt est formée,
Qu'on tapisse partout de fleurs, d'herbages frais.
Des branches au-dessus s'arrondissent en dais.
Le bon prélat s'y place, et mille cris de joie
Volent au loin ; l'écho les double et les renvoie.
Il part, tout le hameau l'environne, le suit;
La clarté des flambeaux brille à travers la nuit.
Le cortége bruyant, qu'égaye un chant rustique,
Marche. Honneurs innocents et gloire pacifique!
Ainsi par leur amour Fénelon escorté
Jusque dans son palais en triomphe est porté.

NOTES.

1 Pouvions-nous mieux clore ce petit volume que par ce récit gracieux et touchant? Il y a tout à la fois du Fénelon et du La Fontaine dans Andrieux. Sa muse aimable semble aussi unir la naïveté piquante du bonhomme à la douceur et à la pureté harmonieuse du cygne de Cambrai. Son intéressante narration conviendra mieux à nos lecteurs qu'un éloge froid et prosaïque, nécessairement incomplet. — *Andrieux*, né à Strasbourg, le 6 mai 1759, mort le 10 mai 1833, professeur de belles-lettres à l'École Polytechnique, et de littérature au Collège de France, membre et secrétaire perpétuel de l'Académie Française, a été un des meilleurs poëtes de la fin du dernier siècle et du commencement de celui-ci. Il a opposé une vive et heureuse résistance à l'envahissement du mauvais goût de notre moyen âge littéraire, et il a donné des leçons et laissé des modèles qu'on n'oubliera pas. Il a plus d'une fois, comme Fénelon, déguisé ses préceptes sous la forme dramatique de l'apologue, et l'on conserve dans sa famille, parmi ses amis, de charmantes fables que n'aurait pas désavouées notre auteur. Sa comédie des *Étourdis*, qu'on revoit toujours avec plaisir, le place à côté de Regnard, et son *Meunier de Sans-Souci* est dans toutes les mémoires.

2 *Ulysse*, roi d'Ithaque, l'un des héros de la Grèce qui contribuèrent le plus puissamment à la prise de Troie, erra pendant dix ans après la chute de cette ville fameuse, et eut à lutter contre des malheurs et des dangers de toute nature. Il put enfin rentrer dans son royaume, déguisé en mendiant, et n'ayant dans sa confidence que son fils Télémaque, et son fidèle serviteur Eumée. Personne ne le reconnut, pas même sa femme, Pénélope. Mais son vieux chien, nommé *Argus*, mourut de joie en le revoyant.　　　　　(Homère, *Odyssée*, ch. XVII.)

> Homère l'a chanté, rien ne manque à sa gloire :
> Et, lorsqu'à son retour le chien d'Ulysse absent
> Dans l'excès du plaisir meurt en le caressant,
> Oubliant Pénélope, Eumée, Ulysse même,
> Le lecteur voit en lui le héros du poëme.

　　　　　　　　　　(Delille, *les Trois Règnes*, ch. VIII.)

TABLE.

IMPRIMÉ PAR E. THUNOT ET Cie,
26, RUE RACINE, PRÈS DE L'ODÉON.

www.ingramcontent.com/pod-product-compliance
Lightning Source LLC
Chambersburg PA
CBHW070613100426
42744CB00006B/464